Joseph Kleutgen

**Über die Wünsche, Befürchtungen und Hoffnungen in Betreff der bevorstehenden Kirchenversammlung**

Joseph Kleutgen

**Über die Wünsche, Befürchtungen und Hoffnungen in Betreff der bevorstehenden Kirchenversammlung**

ISBN/EAN: 9783743351585

Hergestellt in Europa, USA, Kanada, Australien, Japan

Cover: Foto ©Lupo / pixelio.de

Manufactured and distributed by brebook publishing software (www.brebook.com)

Joseph Kleutgen

**Über die Wünsche, Befürchtungen und Hoffnungen in Betreff der bevorstehenden Kirchenversammlung**

# Ueber die Wünsche,

# Befürchtungen und Hoffnungen

in Betreff der bevorstehenden

# Kirchenversammlung

von

**Joseph Kleutgen,**
Priester der Gesellschaft Jesu.

---

Münster, 1869.

Druck und Verlag der Theissing'schen Buchhandlung.

Je näher der achte December dieses Jahres heranrückt, je wahrscheinlicher es, trotz der beunruhigenden Zeitumstände, wird, daß an jenem Tage die Hirten der Kirche über dem Grabe des Apostelfürsten versammelt sein werden: desto allgemeiner wird die Aufmerksamkeit, und desto gespannter die Erwartung. Obwohl es nun nicht befremden kann, daß bei dieser Gelegenheit manche verschiedene Ansichten hervortreten; so ist doch sehr zu bedauern, daß dieselben, besonders in jüngster Zeit, auf eine Weise geäußert werden, die nur gar zu sehr geeignet ist, die Gemüther zu beunruhigen, und auch unter den Bekennern der einen wahren Religion die Eintracht zu gefährden. Von der Bekämpfung fremder Meinungen geht man zur Verdächtigung derer, die sie äußern, über; spricht Wünsche aus, in denen herbe Anklagen enthalten sind, und trachtet Furcht vor Umtrieben und Ränken zu erregen, nicht anders, als wenn es sich um Einberufung einer Kammer handelte, in welcher eine Partei die andere zu bewältigen oder zu überlisten hofft.

Die Betrachtung dieser betrübenden Thatsache hat die gegenwärtige Schrift veranlaßt: der Verfasser unternimmt es in ihr, einige der vielbesprochenen Punkte, so gut er es vermag, durch die eine große katholische Wahrheit zu beleuchten. Diese Wahrheit, das Princip des Katholicismus, wodurch die Einheit der Kirche Be=

stand hat, ist es ja auch allein, welche die Eintracht unter den Kindern der Kirche bewahren kann. Wenn nun der Verfasser auch nicht erwarten darf, diejenigen, denen er widersprechen muß, zu gewinnen; so ermuthigt ihn doch die Hoffnung, zur Beschwichtigung jener Gemüther, die mehr durch fremde als durch eigene Vorurtheile aufgeregt sind, einiges beizutragen.

Wie groß die erwähnte Verschiedenheit der Meinungen sein mag, so herrscht doch gerade in dem, was der Ausgangspunkt unserer Untersuchung sein muß, Uebereinstimmung. Wenn es sich darum handelt, die Uebel zu kennzeichnen, wider welche von der bevorstehenden Kirchenversammlung Hülfe zu erwarten sei; so treffen im Ganzen genommen die Angaben zusammen. Und gewiß, wie könnte der gläubige Katholik die Völker in der Gegenwart betrachten, und nicht als dringende, laut rufende Bedürfnisse anerkennen, daß dem überhand nehmenden Unglauben, dem vielgestaltigen Irrthum, dem von beiden unzertrennlichen Sittenverderbniß durch das Licht und die Kraft der Wahrheit gesteuert; daß dem tagtäglich wachsenden Elend der Gesellschaft durch wirksame Maßregeln entgegengearbeitet; daß eben jetzt, wo so unzählig Viele in ihrem Denken und Leben von Jesus Christus sich lossagen, die noch christlichen, aber von der wahren Kirche getrennten Völker zur katholischen Einheit zurückgeführt; daß die Kirche in ihrem Leben von der Staatsgewalt nicht ferner gehemmt, und die vielfachen Verhältnisse zwischen den geistlichen und weltlichen Behörden geregelt werden; daß ebenso die katholische Bildung und Wissenschaft zu jener, die draußen ist, die ihr geziemende Stellung einnehmen.

Aber während man in dieser Weise die Aufgaben, welche zu lösen sind, mit Uebereinstimmung feststellt; weichen die Ansichten sehr von einander ab, sobald man untersucht, welche Maßregeln zur Lösung jener Aufgaben wünschenswerth seien. Wir beginnen von der umfassendsten. Während viele Katholiken eine feierliche Verurtheilung der mannigfachen Irrthümer, wider welche der h. Stuhl in neuerer Zeit seine Stimme erhoben hat, für nöthig erachten und erwarten; finden andere in den Verhältnissen der Gegenwart keinen Grund zur Entscheidung von Glaubenslehren, und weisen namentlich den Wunsch, daß der vom regierenden Pabst ausgegangene Syllabus vom Concil feierlich angenommen werde, mit Entschiedenheit, wenn nicht mit Unwillen, zurück. Sie also dringen auf eine andere Maßregel. Weil die erwähnten Bedürfnisse der Zeit Bestimmungen erheischen, die in alle die mannigfaltigen Zweige des kirchlichen Lebens eingreifen, und folglich nicht ohne Berücksichtigung der besonderen Verhältnisse getroffen werden dürfen; so sei es, sagen sie, höchst wünschenswerth, daß die allgemeine Kirchenversammlung für die Abhaltung von Particular-Synoden Sorge trage.

Ganz wohl: und man darf sich für diesen Wunsch nicht bloß auf die Sitte und die Erfahrung der Vergangenheit, sondern auch auf das Ansehen des tridentinischen Kirchenrathes, der die regelmäßige Versammlung solcher Synoden vorschrieb [1]), berufen. Allein es

---

[1]) Conc. Trid. Sess. 24. cap. (de ref.) 2. Es ist jedoch zu bemerken, daß die Väter zu Trient nur von Diöcesan- und Provinzial-, nicht auch von National-Synoden reden.

fragt sich, ob die allgemeine Wiederbelebung dieses Gebrauches die Feststellung mancher Lehrpunkte und insbesondere jener, auf die sich der Syllabus bezieht, durch das allgemeine Concil überflüssig machen würde.

Wenn es den Particular-Synoden zu überlassen ist, die einzelnen Maßregeln, durch welche den Bedürfnissen der Zeit entsprochen werden kann, zu bestimmen; so wird es doch Sache des allgemeinen Kirchenrathes sein, die Grundsätze, welche hiebei zu befolgen sind, nach der Lehre des Christenthums, als für die ganze Kirche geltende Normen festzustellen. Und nun vergleichen wir jene Bedürfnisse, welche, wie gesagt, beiderseits anerkannt werden, mit dem Inhalte des Syllabus. Die Irrthümer, welche der erste Paragraph verwirft, mögen zu jenen Meinungen gehören, von denen man bemerkt, daß ihre Falschheit im Lichte der christlichen Wahrheit längst gezeigt worden sei. Aber gleich der zweite enthält ebenso viele Sätze über die Stellung, welche die katholisch Gläubigen der Wissenschaft gegenüber einzunehmen haben. Der dritte giebt Grundsätze, die bei der Zurückführung der von der Kirche getrennten Christgläubigen nicht dürfen aus den Augen gelassen werden. Der fünfte, sechste und zehnte beziehen sich auf die Befreiung der Kirche aus den Fesseln, worin der Staat sie zu halten bemüht ist, und auf die Regelung des Verkehres zwischen den beiderseitigen Behörden. Als wahre Quelle des socialen Elendes war im vierten Paragraph mit wenigen Worten auf die geheimen Bünde hingewiesen; man wird aber nicht in Abrede stellen, daß zur Bewältigung jenes Elendes nichts nothwendiger ist, als die Ausreutung der Irrthümer auf dem Gebiete der Sittenlehre, die im siebenten Paragraphen verurtheilt werden. Daß endlich sowohl mit diesen als anderen Bedürfnissen der Zeit die Meinungen über die Ehe, von welchen im achten Paragraph die Rede ist, und jene über die Schule, die im sechsten eingeschaltet sind, im engsten Zusammenhange stehen, wird man um so eher einräumen, als gerade diese beiden Punkte und nur sie in der Berufungsbulle ausdrücklich und in schärfster Weise hervorgehoben werden.

Wer immer also die oben erwähnten Bedürfnisse und die durch sie gestellten Aufgaben anerkennt, der kann zwar bemerken, daß die Kirchenversammlung durch bloße Annahme des Syllabus, was die Christenheit von ihr erwartet, nicht leisten würde; er mag auch hervorheben, daß die Bischöfe nicht berufen worden, schon Beschlossenes „zu proclamiren", sondern im Verein mit dem Pabste zu untersuchen, zu berathen, zu beschließen: aber der Wunsch, daß über eben die Lehrpunkte, welche der Syllabus berührt, Beschlüsse gefaßt werden, kann er nicht mißbilligen, ohne mit sich selbst in Widerspruch zu treten. Denn einige wenige ausgenommen, stehen alle Sätze des Syllabus mit den Aufgaben, welche durch die Lage der Zeit gegeben sind, im engsten Zusammenhang. Und gewiß, wenn man bedenkt, daß der Syllabus nichts anders als ein Verzeichniß der Irrthümer ist, wider welche Pius IX. während seines Pontificats sich genöthigt sah, seine apostolische Stimme zu erheben; wenn man überdies beachtet, daß er hiezu immer durch Störungen im kirchlichen Leben und feindselige Angriffe veranlaßt wurde: so muß man die Behauptung, daß eine Beschäftigung der Väter des Concils mit dem Syllabus nicht zeitgemäß sein würde, um gelinde zu reden, höchst sonderlich finden.

Aber es soll in den Verhältnissen der Gegenwart überhaupt kein Grund liegen, welcher die Kirche zu Lehrentscheidungen bewegen müßte: insofern sich nämlich in neuerer Zeit zwar der Unglaube mehr und mehr ausbreite, aber keine häretische Spaltung unter den Gläubigen hervortrete. Es ist nun wahr, daß die Kirche in früheren Zeiten die Beschlüsse über ihre Lehre nicht sowohl wider die Ungläubigen, als wider die Irrgläubigen, und meistens nur wider Irrgläubige, die sich zu Secten vereinigten, erließ. Aber es ist auch wahr, daß die Ungläubigen ehemals in ganz anderm Verhältnisse zur Kirche standen. Außer allem Verbande mit ihr, hatten sie eine eigne Religion, wenn man anders das Heidenthum, den Muhamedanismus und das wider die Absicht Gottes durch menschliche Hartnäckigkeit noch fortdauernde Judenthum eine Religion nennen kann. In der Gegenwart aber hat die Kirche wider Ungläubige zu kämpfen, welche unter den ihr untergebenen Völkern die wahre Religion verläugnen, ohne eine falsche zu bekennen, welche vielmehr ihr meistens immer noch durch die Taufe angehören, und in äußerlicher Verbindung mit ihr zu leben fortfahren. Je größer aber die Gährung der Geister, je frecher bald die Verläugnung, bald die Entstellung und Verläumdung der Wahrheit ist; desto eher kann es der Würde und dem Berufe der Kirche angemessen sein, diese Wahrheit, wie sie von ihr geglaubt und gelehrt wird, in feierlichem Ernste dem Irrthume entgegenzustellen, möge dieser auch bereits durch die Wissenschaft entlarvt sein.

Aber wenn es unter dieser Beziehung geziemend und heilsam scheinen darf, daß die Kirche ihre Stimme erhebe; so möchte es unter anderer Beziehung dringend nothwendig sein. Auch unter den der Kirche mehr oder weniger treu ergebenen Kindern giebt es in unsern Tagen eine durch ganze Welttheile verbreitete Spaltung. Die Schriften und Aufsätze, welche das bevorstehende Concil veranlaßt, sind für sich allein hievon ein hinreichender Beweis. Obwohl nun die Kirche Punkte, über welche Rechtgläubige unter einander streiten, sehr oft unentschieden läßt; so kann sie dies doch nicht wohl, wenn dieselben, wie jene, welche heutzutage die Meinungen theilen, von großer Bedeutung für das Leben, und in vielfachen Lagen desselben gar nicht zu umgehen sind. Ich muß hier auf eine schon gemachte Bemerkung zurückkommen. Wie nun, wenn die Particular-Synoden wieder allgemeiner und regelmäßiger gehalten, wenn einem andern Wunsche gemäß den Laien mehr Antheil an der Verwaltung des Kirchenwesens gegeben würde: dürfte man sich die gewünschten Ergebnisse versprechen, so lange über die schon erwähnten Punkte, über Schule und Ehe, über Cultusfreiheit, Wissenschaft und Glauben u. s. w. jene Verschiedenheit der Ansichten fortdauerte, die nicht aufhört, so manche Hemmnisse guter Bestrebungen und selbst Zerwürfnisse zu erzeugen?

Es könnte sein, daß manche jener Katholiken, welchen man übertriebenen Ultramontanismus vorwirft, auch hiedurch zu dem Wunsche getrieben wurden, es möge der Kirchenrath über die Unfehlbarkeit des Pabstes einen entscheidenden Beschluß erlassen, denn in unserer aufgeregten Zeit ist zu fürchten, daß neue Fragen auftauchen, die gewiß nicht so bald durch neue öcumenische Concilien erledigt werden, und doch nicht ohne den größten Nachtheil für das kirchliche Leben unerledigt bleiben können. Aber dieser Wunsch hat noch heftigeren Widerspruch gefunden.

Ohne Andere, die sich mit Bestimmtheit aussprechen, zu tadeln, enthalte ich mich jedes Urtheils über die Zeitgemäßheit einer solchen Entscheidung, und dieses aus dem Grunde, weil ich darüber (— man verstehe mich wohl, ich sage über die Zeitgemäßheit der Entscheidung, und nicht etwa über die Wahrheit der Lehre —) keine feste Meinung habe. Aber desto zuversichtlicher glaube ich es für wünschenswerth erklären zu dürfen, das Concilium möge, wenn es über die päbstliche Unfehlbarkeit nicht entscheidet, um so mehr dahin wirken, daß dasjenige, was bezüglich dieses Lehrpunktes unter allen Katholiken außer Zweifel ist, von Geistlichen und Laien, Gelehrten und Ungelehrten im Leben anerkannt und befolgt werde. Ich erkläre mich näher.

Wenn der Pabst in einer öffentlichen Urkunde von einer Lehre erklärt, daß sie geoffenbarte Wahrheit sei, oder mit der geoffenbarten Wahrheit in nothwendigem Zusammenhange stehe, und dabei mit Bestimmtheit ausdrückt, daß er diese Erklärung kraft der ihm verliehenen Lehrvollmacht gebe, und alle Christgläubige verpflichte, sie anzunehmen: so halten diejenigen, welche die Unfehlbarkeit des Pabstes vertheidigen, dafür, daß eine solche Entscheidung durch die besondere Vorsehung, womit Gott über seine Kirche wacht, vor Irrthum geschützt werde. Jene aber, welche dies läugnen oder bezweifeln, — es sind ihrer verhältnißmäßig nicht viele, — räumen nichtsdestoweniger ein: erstlich, daß alle Gläubigen verpflichtet sind, der päbstlichen Entscheidung sich insofern zu unterwerfen, daß sie derselben nicht widersprechen; zweitens, daß die Entscheidung alle Kraft eines Beschlusses der allgemeinen Kirche erhält, sobald sie von der Mehrheit der Bischöfe ausdrücklich oder auch nur stillschweigend angenommen ist. Wie wenig aber nun dieses, was man in der Theorie anerkennt, im Leben beobachtet wird, davon haben wir in eben diesen Erörterungen über das, was vom bevorstehenden Concil zu erwarten sei, ein nur gar zu grelles Beispiel.

Die Encyclica vom 8. December 1864 ist ohne allen Zweifel eine Urkunde, wie wir sie oben gekennzeichnet haben, und folglich eine feierliche Entscheidung des h. Stuhles in Glaubenssachen[1]). Sie ist aber auch als solche wenigstens von der Mehrheit des Episcopats nicht bloß thatsächlich, sondern sogar durch Denkschriften, die der Oeffentlichkeit übergeben wurden, angenommen. Niemand also kann ihr widersprechen, ohne sich wider das Ansehen der allgemeinen Kirche aufzulehnen.

Nun erinnere man sich an gewisse Zeitungsartikel, ministeriale Erlasse, Adressen und Flugschriften, in welchen von „den theokratischen Staatsformen des Mittelalters" und der bürgerlichen Freiheit der Culte die Rede war. Zwar wird nicht mit Bestimmtheit erklärt,

---

[1]) Itaque omnes et singulas pravas opiniones & doctrinas singilatim hisce litteris commemoratas auctoritate Nostra apostolica reprobamus, proscribimus atque damnamus, easque ab omnibus catholicae Ecclesiae filiis veluti reprobatas, proscriptas atque damnatas omnino haberi volumus et mandamus.
                                                   Encycl.

was unter theokratischer Staatsform zu verstehen sei, aber doch von Zwangsmitteln geredet, welche der Staat zu Gunsten der katholischen Kirche, ihrer Dogmen und Gesetze, angewendet habe. Da sollen nun die Väter des Concils, um die Gemüther zu beruhigen, keinen Zweifel lassen, daß die Kirche dem Wunsche, solche Staatsformen hergestellt zu sehen, völlig entsagt habe. Lassen sich die Behauptungen, die hierin enthalten sind, mit dem Rundschreiben Sr. Heiligkeit vereinbaren?

Es kann in jenen Aeußerungen nicht von vereinzelten Maßregeln dieses oder jenes Machthabers, sondern nur von dem durch Gesetze eingeführten Verfahren die Rede sein. Welcher Art Zwangsmittel also sind gemeint? Doch nicht solche, wodurch die Dogmen und Gesetze der katholischen Religion Andersgläubigen aufgedrungen werden. Denn dann würde man die mittelalterlichen Staaten, und die Kirche selbst verläumden: die Staaten, weil man ihnen Gesetze zuschriebe, welche solche Zwangsmittel anordneten oder doch gestatteten; die Kirche, weil man und zwar mit Recht annimmt, daß sie die Gesetzgebung der mittelalterlichen Staaten guthieß. So müssen also Zwangsmittel gemeint sein, durch welche in einer katholischen Bevölkerung Angriffe auf das Dogma und Verachtung der Kirchengesetze verhindert oder geahndet wurden. Insofern man aber nicht etwa bloß den Wunsch ausspricht, daß die Kirche in unseren Tagen nicht auf die Herstellung einer solchen bürgerlichen Ordnung bringe, sondern diese Ordnung selbst mißbilligt; setzt man sich mit der Entscheidung des h. Stuhles in offenen Widerspruch und, muthet eben diesen Widerspruch sogar den Vätern des Conciliums zu.

Denn gleich der zweite Satz, den die Encyclica verwirft und verbietet, lautet also: „Am besten ist die Gesellschaft bestellt, in welcher der Regierung das Amt nicht zuerkannt wird, die Verletzer der katholischen Religion gesetzlichen Strafen zu unterwerfen, es sei denn insoweit dies die öffentliche Ruhe erfordert." Daß unter den Verletzungen der katholischen Religion hier nicht etwa nur Gewaltthätigkeiten verstanden werde, leuchtet schon daraus ein, daß diese immer auch die öffentliche Ruhe gefährden, ergiebt sich aber unwidersprechlich aus dem, was gleich darauf folget: aus jenem falschen Begriffe vom Staate habe man die Freiheit, jegliche Ueberzeugung in Wort und Schrift kundzugeben, zum Verderben der menschlichen Gesellschaft hergeleitet.

Mit dieser Lehre hängt jene von der Cultusfreiheit enge zusammen. Bei der Umgestaltung der bürgerlichen Ordnung, die in Frankreich im Jahre 1789 stattfand, wurde bekanntermaßen der Grundsatz aufgestellt, daß der Staat als solcher sich zu keiner Religion bekennen, und daher allen und jeglichen Culten gleiche Berechtigung gewähren; ferner daß er in der Gesetzgebung und Verwaltung von Kirche und Religion ganz absehen, und nur insofern sie berücksichtigen müsse, daß er allen Bekenntnissen dieselbe Freiheit sichere. Sogar diesem Grundsatz haben manche Katholiken beigepflichtet; andere jedoch ihn dahin gemildert, daß sie nicht das bloße Naturrecht, sondern zugleich mit diesem auch die natürliche Religion zur Grundlage des Staates machen. Der Staat soll das Dasein eines persönlichen Gottes und das von ihm uns ins Herz geschriebene Sittengesetz voraussetzen, und nur jenen, aber auch allen jenen Culten, welche diese seine religiöse Grundlage anerkennen, freie Bewegung und gleiche Rechte gestatten: demgemäß wäre es nur die positive, die von Gott gegründete, übernatürliche Religion, von welcher der Staat absehen müßte.

Es kann nun gewiß keine Frage sein, daß dieser Grundsatz in jener seiner ersten und allgemeinen Fassung der Lehre des h. Stuhles schnurstracks entgegengestellt ist. Denn der erste Satz, den die Encyclica verwirft, ist eben dieser: „Die beste Gestaltung des öffentlichen Lebens und der Fortschritt des bürgerlichen Wesens erfordern durchaus, daß die menschliche Gesellschaft geordnet und regiert werde ohne Rücksicht auf die Religion, nicht anders als wenn diese gar nicht vorhanden wäre, oder wenigstens ohne einen Unterschied zwischen der wahren und den falschen Religionen zu machen." — Aber auch in der milderen Fassung, deren wir erwähnten, bleibt jener Grundsatz mit der Encyclica unvereinbar. Man bemerke, daß in demselben nicht etwa gesagt wird, ein Staat könne in die Lage kommen, den verschiedenen Confessionen gleiche Rechte gewähren zu müssen; sondern sein innerstes Wesen, seine rechtliche Grundlage selbst, fordern dieses. Immer und überall müßte er demnach allen Bekenntnissen, und zwar nicht nur den christlichen, sondern jeglichen, die das Dasein Gottes und das natürliche Sittengesetz bestehen lassen, dieselbe Freiheit, dieselben Gerechtsame zuerkennen, und also keinen Unterschied zwischen der wahren Religion, die nur eine ist, und den falschen machen.

Aber nicht nur diese Behauptung, sondern auch der Beweis, auf den man sie stützt, wird in der Encyclica verworfen. Denn jener Irrthum, daß der Staat ohne

Rücksicht auf die Religion, oder doch ohne einen Unterschied zwischen der wahren und den falschen Religionen einzurichten und zu regieren sei, dieser Irrthum, sagt der h. Vater, sei nichts anders als "die Anwendung des naturalistischen Princips" auf die bürgerliche Ordnung. Worin aber besteht der Naturalismus, von dem hier und an anderen Stellen der Encyclica die Rede ist, wenn nicht darin, daß man von der übernatürlichen Religion absehen, und sich auf die Wahrheiten und sittlichen Forderungen, die durch die Vernunft aus der Natur des Menschen erkannt werden, beschränken dürfe?

Die Behauptung, daß nur das natürliche Recht und die natürliche Religion die Grundlage des Staates bilden, hat zwar insofern Wahrheit, als der Staat, auch wenn es keine übernatürliche Religion gäbe, durch die Naturgesetze bestehen könnte und müßte; aber keinesweges in dem Sinne, daß er auch jetzt, da es Gott gefallen hat, das Reich seines Sohnes auf Erden zu gründen, und allen Völkern kennbar zu machen, auf die Anerkennung der natürlichen Religion sich beschränken dürfe. — Es wird in der Encyclica der Aufzählung der einzelnen Irrthümer die Bemerkung vorausgeschickt, daß diese Irrthümer sämmtlich dahin zielen, 1. den heilsamen Einfluß, den die katholische Kirche nach göttlicher Anordnung eben sowohl auf die Völker und ihre Beherrscher, als auf die einzelnen Menschen üben soll, zu hemmen und fern zu halten. Das Staatsleben nämlich soll nicht weniger als das Familienleben nach den Lehren und den Vorschriften Jesu Christi, den Gott zum Könige der Könige bestellt hat, geordnet und geleitet werden. Diese Lehren und diese Vorschriften aber haben die Staats-

Häupter für ihre Sphäre ebenso wohl, als der einzelne Bürger für die seinige von Derjenigen zu lernen, von der Gott spricht: „Wer sie nicht hört, sei dir wie ein Heide und Publican [1]." Nicht derjenige also ist (ich sage nicht, der christlichste, sondern) ein christlicher Staat, welcher sich auf das Naturgesetz beschränkt, und etwa, um dies besser zu erkennen, die Einsicht der christlichen Bürger benutzt; sondern erst jener, welcher sowohl über das natürliche als übernatürliche Gesetz von der Kirche, die Gott zur Lehrerin der Völker bestellt hat, sich belehren läßt. Dies hindert ihn nicht, jenen, die außer der Kirche sind, eine den Zeitumständen entsprechende Duldung zu gewähren. Wenn aber die Kirche von Fürsten und Völkern, die jene ihre Sendung nicht anerkennen, den Gehorsam gegen das göttliche Gesetz, das sie verkündet, vergeblich fordert: so braucht sie deßhalb nicht aufzuhören, ihnen gerade diese Sünde, sie trotz der hell leuchtenden Merkmale nicht anzuerkennen, mit richterlichem Ernst vorzuhalten. Das hat sie, wie oft in vergangenen Zeiten, so in der Gegenwart durch die Encyclica gethan, und der Arm Dessen, der sie bestellt hat, ist nicht verkürzt.

Aber, wird man hier einwenden, so lange dieser Arm des Herrn die Verhältnisse entschwundener Zeiten nicht wieder herbeiführt, wird es doch wenigstens nichts fruchten, Lehren zu verkünden, auf welche jene, die sie

---

[1] Der Verfasser hat diese Wahrheit ausführlicher erörtert in der Schrift: Ueber die Verfolgung der Kirche in unseren Tagen. Drei Reden, gehalten zu Rom. Siehe besonders die dritte Rede. Freiburg bei Herder 1866.

angehen, nicht achten, und Rechte zu beanspruchen, die nicht mehr anerkannt werden. Wie sollte es also der Kirche nicht viel angemessener sein, sich damit zu begnügen, daß ihr gleich allen übrigen Confessionen freie Bewegung zugestanden werde?

Es kann, entgegnen wir, keine Frage sein, daß die Lage der Kirche dort, wo sich, wie z. B. in den vereinigten Staaten, die weltliche Regierung um sie nicht kümmert, aber auch ihre freie Wirksamkeit in der That nicht hindert, ohne Vergleich vortheilhafter ist, als in den meisten europäischen Staaten, wo sie in unaufhörlichem Kampfe mit Fürsten, Kammern, Ministern und Behörden vergebens nach Freiheit ringt. Aber um nichts davon zu sagen, daß man jene bessere Lage durch Anpreisung des Princips: „Freie Kirche im freien Staate" — ebenfalls nicht herbeiführt; so wollen unsere Leser bemerken, daß hier gar nicht die Rede davon ist, welches Verfahren für die Kirche den Staaten, die ihre Rechte nicht anerkennen, gegenüber das räthlichste sei, sondern welche Grundsätze über diese Rechte und über das Verhältniß der beiden Gewalten zu bekennen seien. Möge es, worüber wir nicht absprechen wollen, das Gerathenste sein, in unseren Tagen nichts anders als die freie Bewegung der Kirche zum Ziele der Bestrebungen zu machen: man ist darum nicht berechtigt, in offenem Widerspruche mit der ausdrücklichen Lehre der Kirche, ein solches Verhältniß für das wahrhaft christliche zu erklären, und auf die katholische Vergangenheit mit den Feinden der Kirche Steine zu werfen.

Aber freilich man giebt sich alle Mühe, die Ansicht zu verbreiten, daß es nicht die Kirche, nicht der Geist, der sie leitet, daß es vielmehr eine Partei, insbesondere die Jesuiten seien, welche die hohen und höchsten Personen beeinflussend, dahin drängen, daß die Grundsätze der Encyclica und des Syllabus von der Kirchenversammlung ausgesprochen und bestätigt werden. Und zwar soll diese Partei es darauf absehen, daß alle jene Sätze zugleich mit der Unfehlbarkeit des Pabstes ohne lange Prüfung und Berathung als ebenso viele Glaubenspunkte verkündigt werden.

Nehmen wir einstweilen an, daß es in Wahrheit eine Partei gebe, die einen solchen Plan verfolge; was müßte dann der weise Katholik befürchten? — Seitdem man über die päbstliche Gewalt zu streiten angefangen hat, vorzüglich aber in unsern Tagen, ist man sehr rührig gewesen, aus der Geschichte der Päbste alles zusammen zu suchen, was auf die Päbste selbst oder auf ihre Umgebung ein ungünstiges Licht werfen konnte. Wenn Katholiken also verfuhren, mußte man annehmen, ihre Meinung sei, nicht den Päbsten, sondern nur den Concilien sollten wir vertrauen. Nun steht das lang ersehnte Concil bevor, und siehe, dieselben Katholiken sind bemüht, schon im voraus in derselben Weise, wie sonst gegen die Päbste, Mißtrauen zu erwecken. Und gewiß, wenn das, was sie aus der Geschichte der Päbste vorbringen, geeignet wäre, unser Vertrauen auf päbstliche Entscheidungen zu erschüttern; so würde die Geschichte der Concilien ebenso viel bieten, was auch ihre Satzungen uns verdächtig machen könnte. Oder gab es nicht schon auf den ersten großen Kirchenversammlungen Parteien, die ihre Pläne durchzusetzen suchten, und die betrübendsten Störungen veranlaßten? und haben nicht noch auf der letzten, der tridentinischen, menschliche Schwäche und Leidenschaft den Feinden zu Spott und Verläumdung, den Freunden zu Scham und Betrübniß Anlaß gegeben? Dennoch haben jene ersten Concilien die erhabensten Geheimnisse der Religion für alle Zeiten wider die verschmitzte Irrlehre geschützt, und alle Katholiken sprachen von jeher dem h. Gregor dem Großen gern jenes Wort nach: die vier ersten großen Concilien seien gleich den vier Evangelien zu verehren. Ebenso hat das Concil von Trient durch dies Licht der Wahrheit die vielen Irrthümer der späteren Zeit zu Schanden gemacht, durch Erweckung eines neuen Lebens in der ganzen Kirche das Angesicht der Erde erneut, und mit unbedingter Hingebung nehmen wir seine und aller allgemeinen Concilien Aussprüche auf. Warum? Weil unser Glaube an die Unfehlbarkeit der Kirche nicht auf der Menschen Weisheit und Tugend, sondern auf Gottes, des Allmächtigen und Allgetreuen, Verheißung ruhet. Wissen wir ja, daß er seine Werke als seine Werke eben dadurch nur um so mehr offenbart, daß er in den Menschen, deren er sich bedient, die menschliche Gebrechlichkeit nicht aufhebt. Wenn man dahingegen die Befürchtung ausspricht, nicht bloß, daß eine Partei Einfluß genug gewinnen möchte, Störungen hervorzubringen, sondern auch, daß sie den Kirchenrath bestimmen könnte, Lehren, die man für unrichtige und unchristliche erklärt, ohne lange Untersuchung als Glaubenssätze auszusprechen, oder Maßregeln zu treffen, die man als unheilvolle bezeichnet: heißt das nicht das katholische Princip, ich will nicht sagen, verläugnen, aber doch ganz und gar aus den Augen verlieren?

Allein fragen wir jetzt, auf welchen Grund hin man die Thatsache, die jene Furcht erregen soll, das Dasein nämlich einer Partei, die das Concil in besagter Weise zu beinflussen trachte, behauptet. Außer einigen Aeußerungen, welche anonyme Correspondenten öffentlicher Blätter ihren Berichten ohne irgend einen Beweis eingeschaltet haben, weiß man nichts vorzubringen, als einen Artikel der Civilta cattolica. Derselbe besteht in einer Correspondenz, worin der Mehrzahl der Katholiken Frankreichs der Wunsch oder die Hoffnung zugeschrieben wird, daß die Kirchenversammlung ohne lange Berathung die Lehren des Syllabus und die Unfehlbarkeit des Pabstes verkünden, und so in kürzester Frist beendigt sein werde. Man hatte, wie wir schon oben bemerkten, Grund, mit solchen Aeußerungen unzufrieden zu sein: nichtsdestoweniger möchten die Katholiken Frankreichs, die also denken, bei jedem, der die viel besprochene Correspondenz vollständig liest, wenn auch keine Rechtfertigung, doch einige Entschuldigung finden. Wird ja doch in der Correspondenz ausdrücklich auf die Zeitumstände hingewiesen, die einen längeren Aufenthalt der Bischöfe zu Rom unmöglich machten. Wenn also jene Katholiken die Meinung aussprechen, daß die Bischöfe sich begnügen würden, den päbstlichen Entscheidungen beizustimmen, wie dies schon auf dem Concil zu Chalcedon geschehen sei: so folgt daraus nicht, daß sie diese Weise, Concilien zu halten, überhaupt für die beste halten. Wenn sie aber ferner glauben, auch in dieser Weise würde der Kirchenrath seine Aufgabe der Hauptsache nach lösen; so findet das in der Geschichte ihres Landes seine Erklärung. Die Lehren, welche der Syllabus verurtheilt, haben in Frankreich den Umsturz alles Bestehenden herbeigeführt, und werden noch immer als Grundlage der neuen unchristlichen Ordnung der Dinge festgehalten. Der Gallicanismus aber, der nach jener Katholiken Ueberzeugung die Revolution vorbereitete, würde durch Anerkennung der Unfehlbarkeit des Papstes den letzten Stoß erhalten. Hatte ja eben deßhalb, wie in der Correspondenz auch hervorgehoben wird, der Minister des Kaisers in seinem Erlasse ebenfalls nur dieser beiden Punkte, des Syllabus und der Unfehlbarkeit des Papstes als solcher erwähnt, die ihm Furcht erregten.

Allein möge man nun die Einseitigkeit jener Katholiken entschuldigen oder nicht; welches Recht hat man, dieselbe der Civilta cattolica zuzuschreiben, und obendrein die gesammte Gesellschaft Jesu dafür verantwortlich zu machen? Wie die Civilta cattolica es wiederholt ausgesprochen hat, daß sie, über das bevorstehende Concil redend, keineswegs das Organ einer kirchlichen Auctorität ist, sondern nur ihre persönliche Meinung ausdrückt: so hat sie auch gleich bei ihrem Beginnen, und später von neuem erklärt, daß sie ebenso wenig, als jede andere Schrift, welche Mitglieder des Ordens veröffentlichen, darauf Anspruch mache, den Orden zu vertreten. Nur auf zwei Wegen kann man, was Lehre oder Ansicht des Ordens ist, erkennen: aus den Verordnungen, die den ganzen Orden binden, und aus der thatsächlichen Allgemeinheit einer Lehre oder Meinung. Was hat man aber, um diese Allgemeinheit zu beweisen, anführen können? Jene Correspondenz ist auch in Deutschland von Mitgliedern des Ordens in einer periodischen Schrift abgedruckt worden. Und deßhalb „hat es den Anschein, daß der Orden mit der ganzen Wucht einheitlicher Organisation nach denselben Zielen dränge", dahin nämlich, daß das Concil in gesagter Weise gehalten werde! Ist das nicht, fast möchte ich sagen, kindisch?

Aber trifft wenigstens diejenigen, welche jene Correspondenz in ihre Blätter aufnahmen, all der Tadel, der über sie ergangen ist? Die Herausgeber der Civilta cattolica haben zu ihrer Vertheidigung bemerkt, durch jene Aufnahme hätten sie zwar die ihnen auch auf anderen Wegen bekannte Thatsache verbürgt, daß die Katholiken in Frankreich die Meinungen, welche ihnen der Correspondent zuschrieb, in der That vielfach äußern; aber deßhalb doch noch nicht diese Meinungen zu den ihrigen gemacht. Nachdem sie in eignen Aufsätzen sich ausführlich erklärt, und Berichte über die Vorarbeiten für das Concil geliefert: hätten sie wohl erwarten dürfen, daß man, was sie selbst über die Aufgaben des Concils, und die Weise, in der es sich mit denselben befassen werde, dächten, nicht nach einer vereinzelten Correspondenz, die über fremde Ansichten berichtete, urtheilen würde [1]). Und sie durften hinzufügen, daß in dem gleich folgenden Hefte [2]) eine Correspondenz zu lesen ist, in welcher über die Wünsche und Hoffnungen der Katholiken in Belgien gesprochen wird. Dort also heißt es, man erwarte, daß nicht bloß die Wolke von Irrthümern, die sich über die Gegenwart gelagert, durch die Enthüllung der Wahrheit werde zerstreut werden, sondern auch, daß die Irrlehren der letzt verflossenen

---

[1]) Zweites Aprilheft S. 193 ff.
[2]) Zweites Februarheft S. 478 ff.

Jahrhunderte, namentlich der Anglicanismus und Jansenismus den letzten Stoß erhalten; daß manche Fragen der Philosophie, über welche die Katholiken sich nicht einigen können, und die doch mit religiösen Lehren innigst zusammenhängen, entschieden; daß Mißbräuche, die in gewissen Sprengeln, Reichen oder auch in Ordensständen eingerissen, gehoben; daß die Verbreitung des Evangeliums unter den Heiden gefördert, in der gesammten Geistlichkeit der heilige Eifer werde entzündet werden u. s. w. Warum nun, was die Civilta cattolica vom Concil erwarte, vielmehr nach jener Correspondenz aus Frankreich, als nach dieser aus Belgien bestimmen? Nämlich nach derjenigen mußte das bestimmt werden, welche Gelegenheit bot, gehässig zu machen.

Obschon endlich die Herausgeber der Civilta cattolica in jener ihrer Vertheidigung die Meinungen, die man ihnen zuschreiben wollte, daß nämlich das Concil sich nur mit dem Syllabus und der Lehre von der Unfehlbarkeit des Pabstes befassen, diese aber kurzweg verkündigen, und deßhalb rasch beendigt sein würde, eine nach der andern in den schärfsten Ausdrücken abwiesen, auf die Artikel sich berufend, wo sie das Gegentheil ausgesprochen: so haben ihre Feinde dennoch die Stirn zu sagen, daß jene Sätze, welche man „in Form einer Correspondenz veröffentlicht habe, durch spätere Erklärungen nicht wesentlich abgeschwächt" worden seien. — Will man bei alledem die Redaction der Civilta cattolica nicht von jeder Schuld freisprechen, weil sie nämlich hätte vorhersehen können und sollen, daß jene Aeußerungen ihres Correspondenten zu Mißverständnissen und zu böswilliger Ausbeutung Anlaß boten: nun so bedarf es keiner Erörterung, welche schärfer zu tadeln seien, die den Anlaß gaben, oder die ihn benutzten.

Wie durch die Befürchtung, von der wir eben geredet haben, wider einen geistlichen Orden und viele andere Katholiken schwerer Verdacht und einigermaßen wider das Concil, das wir erwarten, Mißtrauen erregt wird; so sucht man einen Wunsch, den wir jetzt näher betrachten wollen, in einer Weise zu begründen, daß man eine ganze Reihe von Päbsten und den Kirchenrath von Trient tadelt und anklagt. Es ist dies der mit aller Freiheit und Bestimmtheit ausgesprochene Wunsch, daß die Kirchenversammlung den **Index der verbotenen Bücher** unterdrücke. — „Unterdrücke" sage ich; denn man verlangt nicht etwa bloß, daß der Index in einer oder der andern Beziehung geändert, sondern daß er aufgehoben werde; und tadelt nicht irgend eine Weise des Verfahrens, sondern das Verfahren selbst, d. i. die Abfassung und Veröffentlichung eines Verzeichnisses von Büchern, deren Verbreitung und Lesung die Kirche verbietet; dies Verfahren erklärt man für zweckwidrig, schädlich, ja unchristlich. Nun ward aber dasselbe auf dem Concil zu Trient erwogen, für heilsam und nothwendig erachtet, und deßhalb in der achtzehnten Sitzung ein Ausschuß von Bischöfen ernannt, die von mehreren Theologen unterstützt, ein Verzeichniß der verbotenen oder zu verbietenden Bücher anfertigen sollten. Dieselben entledigten sich auch ihres Auftrags; weil aber die Väter sich mit der Prüfung ihrer Arbeit nicht mehr beschäftigen konnten, so überwiesen sie diese in der letzten

Sitzung dem h. Stuhle ¹). Pius IV. ²) veröffentlichte nach sorgfältiger Untersuchung das zu Trient abgefaßte Verzeichniß: so ist der Index der verbotenen Bücher entstanden, und nach den ebenfalls schon in Trient bestimmten Regeln bis auf unsere Tage fortgesetzt worden.

Es war von jeher Sitte der Concilien, Päbste und Bischöfe, gefährliche Bücher zu verurtheilen und zu verbieten. Zur Einführung des Index aber ward die Kirche, wie Pallavicini bemerkt, durch die Menge der Schriften, welche seit der Erfindung der Buchdruckerkunst verbreitet wurden, bewogen. Weil nun diese Verbreitung in unsern Tagen noch viel größer ist, und manche andere Zeitumstände verändert sind; so könnte es allerdings sein, daß die Kirche auch in diesem ihren Verfahren eine Veränderung eintreten ließe. Nur dies auch, und nicht, daß das Verfahren in sich selbst verwerflich sei, läßt sich aus dem, was man wider den Index vorgebracht hat, folgern.

Die Menge der Schriften, welche den Gläubigen gefährlich sind, ist allerdings in unsern Tagen zu groß, als daß sie alle könnten namentlich verboten werden; aber daraus folgt nicht, daß es von Zufälligkeiten abhangen müsse, welche in den Index eingetragen werden. Genügen, um diesem Uebelstande vorzubeugen, die üblichen Maßregeln nicht, so können wirksamere angeordnet werden. — Das Verbot, derartige Bücher zu lesen, behauptet man ferner, könne von sehr vielen Gläubigen

---

¹) Pallavicini Storia del Concilio di Trento. l. 15. c. 18. 19. l. 24. c. 8.

²) Breve. Dominici gregis, d. 24. Mart. 1564.

meistens gar nicht beobachtet werden, und werde in der That nicht beobachtet. Aber dies war bis in die neuesten Zeiten nur in wenigen Ländern, und ist auch jetzt nicht in allen der Fall; und dort, wo es der Fall ist, kann ohne große Schwierigkeit und in mehr als einer Weise geholfen werden. — Wenn man endlich vielfach den Index deßhalb für zwecklos erklärt, weil nur die Titel der Bücher verzeichnet, und nicht zugleich die Lehren, weßhalb sie verboten seien, angegeben werden: so unterschiebt man dem Index einen Zweck, den er nicht hat. Er ist eben nur bestimmt, die von der Kirche verbotenen Bücher zur allgemeinen Kenntniß zu bringen: irrige Lehren zu verurtheilen und zu verbieten, hat die Kirche andere Wege. Uebrigens ist bekannt, daß die Päbste, namentlich im laufenden Jahrhunderte das eine mit dem andern, wo sie es für zweckmäßig erachteten, verbunden haben.

Es soll aber auch der Index dem Gedeihen der katholischen Wissenschaft entgegen wirken. Denn weil er auch die gläubig katholischen Schriftsteller nicht schone, so seien diese in ihren Forschungen durch die Furcht gehemmt, daß irgend ein nicht beabsichtigter Fehlgriff sie um Ehre und guten Namen bringen könne. Nein, entgegnen wir, nicht von der Forschung, sondern von zu großer Zuversicht zu den eignen Gedanken, und von der Eilfertigkeit, diese öffentlich auszusprechen, zieht das Gewicht jener Furcht, wo sie wirklich vorhanden ist, zurück: zur Forschung aber treibt sie an, zu der sorgfältigen, nüchteren und umsichtigen Forschung, die man von jedem Schriftsteller fordern muß, und zu jener Forschung insbesondere, die dem katholischen Gelehrten geziemt. Die trotz ihrer guten Absicht irren, irren mit höchst seltnen Ausnahmen, nur deßhalb, weil sie den kirchlichen Lehrbegriff nie hinlänglich durchforscht haben, und darum, auch wenn sie es möchten, nicht im Stande sind, die Ergebnisse des eignen Nachdenkens an der Richtschnur der Wahrheit, die uns Gott gegeben hat, zu prüfen. Wenn sich aber kein anderes „Bleigewicht" an die Fittiche des Geistes hängt, als die Furcht, die zu solcher Forschung und Prüfung veranlaßt; so wird sich die Christenheit über den langsameren Flug nicht zu beklagen haben.

Indeß aus eben diesem Grunde, weil auch die Schriften derer, die unfreiwillig irren, verboten werden, soll der Index nicht mehr bloß zweckwidrig und schädlich, sondern auch unchristlich sein. Man hat dies seit einigen Jahren öfters und mit Heftigkeit ausgesprochen; in jüngster Zeit jedoch insofern gemäßigt, als man die Schonung des Namens nur für jene Schriftsteller, die bereit sind, in gläubiger Demuth dem Irrthum zu entsagen, und nur so lange beansprucht, bis die äußerste Gefahr für das Seelenheil der Gläubigen eine öffentliche Warnung nöthig mache.

Aber, frage ich, darf und muß der Vater seinen Kindern, der Lehrer seinen Schülern, der Pfarrer den Pfarrkindern Bücher, die ihnen gefährlich sind, anzeigen und verbieten? dürfen und müssen sie dies nur, wenn die Gefahr für das Seelenheil die äußerste ist? müssen und können sie es unterlassen, weil der Verfasser vielleicht unfreiwillig geirrt hat? Ich denke, man wird weder die erste Frage verneinen, noch die beiden letzteren bejahen. Wohlan denn, die Pflichten und Rechte, die der Vater in der Familie, der Lehrer unter seinen Schülern, der Pfarrer in seiner Gemeinde hat; sie wird doch wohl auch der Bischof in seinem Sprengel, der Pabst in der ganzen Christenheit haben. Ist er nicht bestellt, die ganze Heerde, alle Lämmer und alle Schafe zu weiden? Was gehört aber mehr zu diesem Hirtenamte, als von der heilsamen die giftige oder doch schädliche Weide zu unterscheiden? — Und auch er kann sich von der Uebung dieses seines Amtes durch die Rücksicht, die man fordert, nicht abhalten lassen.

Wenn in einer Gegend ungesunde oder gar vergiftete Spezereien entdeckt werden, darf die Obrigkeit dieselben nicht kennzeichnen, weil etwa der Fabrikherr, welcher sie in Umlauf setzte, unfreiwillig irrte? Es wird doch wohl genug sein, wenn sie in solchem Falle ihn nicht bestraft, und wofern er seine Unschuld beweist, diese bekannt macht. Wenn derselbe trotzdem an seinem Rufe Schaden leidet, so wird er sein Schicksal beklagen, aber nicht so unverständig sein, sich über die Regierung zu beschweren. — Nun, dieses ist unser Fall. Die Kirche urtheilt über die Bücher, nicht über die Verfasser; sie verbietet jene zu lesen und zu verbreiten, aber sie verhängt über diese keine Strafe. Und wenn dieselben „ihre gläubige Demuth" durch die Unterwerfung ihres Urtheils unter das Urtheil der kirchlichen Behörde beweisen; so beeilt sie sich, dieses der Christenheit bekannt zu machen.

„Aber es ist doch immer für den Schriftsteller herbe, sein in guter Absicht und vielleicht mit großer Mühe verfaßtes Werk auf dem Verzeichniß der verbotenen Bücher zu wissen?" Ohne Zweifel; aber wenn er wirklich bei Verfassung des Werkes aller Pflicht genug gethan hat, so muß er dieses wie jedes andere Unglück, dem wir im gegenwärtigen Leben auch ohne unsere Schuld ausgesetzt sind, in der Hoffnung des zukünftigen ertragen, und hat ebenso wenig Recht, über die kirchliche Behörde, die seinen Irrthum bekannt macht, als über die göttliche Vorsehung, die ihn zuließ, Beschwerde zu führen. Indem er sein Buch veröffentlichte, hat er auch alle Folgen der Veröffentlichung auf sich genommen, und wie er sich die Urtheile der Recensenten und Leser gefallen lassen muß; so kann er sich auch nicht beklagen, daß seine kirchlichen Obern, wenn sie es für nöthig erachten, ein Urtheil fällen.

Wie man im Index ein Hemmniß der katholischen Wissenschaft erblickt, das man beseitigt wünscht; so spricht man immer lauter die Befürchtung aus, daß derselben durch Unterdrückung des theologischen Studiums auf den Universitäten ihre kräftigste Stütze und allseitige Pflege entzogen werde. Ueberdies würde, wenn die angehenden Theologen, von den Laien, die den akademischen Studien obliegen, getrennt, ihre Bildung in Seminarien empfiengen, nicht bloß diese Bildung einseitig und kümmerlich sein, sondern auch der geistige Verkehr zwischen den Priestern und Laien immer mehr verringert werden. Um für solche Behauptungen Belege zu bringen, hat man sich wiederholt auf das Verhältniß, worin die Geistlichkeit in den romanischen Ländern und namentlich in Italien zu den gebildeten Laien stehen soll, berufen; dadurch aber einen neuen Beweis von der bedauernswerthen Leichtgläubigkeit geliefert, womit nur gar zu oft ungünstige Berichte über katholische

Länder auch von Katholiken aufgenommen und nachgesprochen werden. Wenn man in den romanischen Ländern gewisse Geistliche mit gewissen gebildeten Laien vergleicht, so stehen jene freilich im Nachtheil: aber ist das etwa nur in den genannten Ländern der Fall? Die Behauptung jedoch, daß in diesen der Clerus überhaupt vor den gebildeten Laien zurückstehe, ist unwahr, und wenn von Italien die Rede ist, in hohem Grade ungereimt. Fragt man nach Leistungen von großer Bedeutung, so beweist die Litteraturgeschichte, daß es bis auf den heutigen Tag gerade die Geistlichen sind, die sich nicht etwa bloß um die Theologie, sondern auch um die Jurisprudenz, die Mathematik, Physik, Philosophie, Geschichte, Alterthumskunde, Theorie der Künste u. s. w. die größten Verdienste erworben haben. Waren es ja noch auf der letzten Ausstellung zu Paris zwei italienische Priester, welchen wegen ihrer Erfindungen in der Physik die allergrößte Auszeichnung zu Theil wurde. Was aber den persönlichen Verkehr und das Zusammenwirken für Kunst und Wissenschaft angeht, so ist jener wie dieses ganz gewiß in keinem Lande der Welt so allgemein und so freundlich als gerade in Italien. In allen größeren Städten giebt es verschiedene Vereine zur Pflege der Künste und Wissenschaften, deren Mitglieder aus beiden Ständen gemischt sind. Und doch erhält in Italien nur ein sehr geringer Theil der Geistlichkeit seine wissenschaftliche Bildung auf den Universitäten.

Dies sage ich jedoch nur, um den wahren Thatbestand zu bezeugen, und nicht, um die Maßregel, die man fürchtet, zu befürworten. Um also nun auf diese zu kommen, so ist es eine bekannte Sache, daß die

Kirche jene großen Studienanstalten, die wir Universitäten nennen, zum großen Theile ins Dasein gerufen, und Jahrhunderte hindurch sie alle ebenso theilnehmend gepflegt, als gewissenhaft geleitet hat; daß auch, seitdem in Folge einer Vorschrift des tridentinischen Kirchenrathes die Seminarien wieder eingeführt wurden, immer noch ein beträchtlicher Theil der angehenden Theologen mit Gutheißung der kirchlichen Vorgesetzten die Universitäten besuchte; daß die Kirche, nachdem die weltlichen Regierungen in gewaltsamer und widerrechtlicher Weise die Hochschulen ihrer Leitung und ihrem Einfluß entrissen haben, das Bestreben, rein katholische, von den Staatsbehörden unabhängige Universitäten zu gründen, ermuntert und gefördert hat. Bedarf es mehr, um zu beweisen, daß sie die Vereinigung der verschiedenen Facultäten an einer Lehranstalt grundsätzlich nicht mißbilligt? Wenn nun dennoch, — worüber mir nicht das geringste bekannt ist, — die Befürchtung, die man kundgiebt, gegründet wäre: müßte dann nicht jeder Katholik sich durch den Gedanken beruhigen, daß die Väter des Concils eine solche Maßregel ganz gewiß nur treffen würden, um ein größeres Gut, als jene Vereinigung der Studienfächer ist, zu sichern? Wirft ja auch der Seefahrer, um das Leben zu retten, die Habe über Bord.

Aber, was die Verbindung zwischen dem geistlichen und dem Laien=Stande betrifft, so beschränkt man die Wünsche nicht auf den innigeren Verkehr zur Beförderung gemeinsamer Bildung: man verlangt überdies eine geregelte Theilnahme der Laien an der Gestaltung des kirchlichen Lebens. Kann das Volk für jetzt noch nicht bei der Wahl des Bischofs betheiligt sein, so sollten doch außer der Verwaltung des kirchlichen Vermögens die Einrichtung der Schulen, die Armen= und Krankenpflege, die Abhaltung von Missionen, die Niederlassung der Ordensleute, ja die allgemeinen Angelegenheiten der Kirche Sache nicht der Geistlichkeit allein, sondern der ganzen Gemeinde in Verbindung mit dieser sein. So einige: andere aber sprechen sich über die Theilnahme an den allgemeinen Angelegenheiten der Kirche bestimmter aus. Sie möchten von der Gemeinde gewählte Abgeordnete auf den Synoden sehen. Für eine solche Einrichtung des kirchlichen Lebens beruft man sich auf jene ersten Zeiten, in welchen die Kirche die heidnische Welt überwand, und verspricht von ihrer zeitgemäßen Erneuerung alles, was es auf Gottes Erdboden nur Wünschenswerthes geben kann: die Durchdringung aller Stände mit dem Geiste des Christenthums, die Ueberwindung des Elendes, unter dem in der Gegenwart die Menschheit seufzt, die Heimkehr „der getrennten Brüder", die ja, als sie sich trennten, eben dieses altchristliche Gemeindeleben wiederherstellen wollten.

Es ist der katholischen Kirche eigenthümlich, in ihrem Leben je nach den Zeitumständen Veränderungen eintreten zu lassen, und in den einmal gewählten Formen keinesweges zu erstarren. Aber wenn es deßhalb im allgemeinen gestattet ist, einige der Wünsche, die wir vernommen haben, zu hegen; so ist doch aus demselben Grunde die Berufung für dieselben auf die alte Kirche, auch wenn sie ihrem ganzen Umfange nach, was nicht der Fall ist, auf geschichtlicher Wahrheit beruhte, nicht am Platze. Der h. Chrysostomus erwähnt in einer Homilie des Vorwurfs, den die Gläubigen ihren Vorstehern mit der Frage machten: warum die Bischöfe und die Priester nicht mehr, wie in den ersten Zeiten, Kranken heilten, Brode vermehrten, Todte erweckten. Und er antwortet durch die andere Frage: warum die Gläubigen nicht mehr nach dem Beispiel der ersten Christen, Hab und Gut, Gesundheit und Leben um des Himmelreiches willen verachteten. Es soll nicht geläugnet werden, daß jenem Verlangen nach dem sogenannten Pfarrverbande in einigen Stücken auch heutzutage entsprochen werden könne; aber auf die Forderung, daß die ganze Gemeinde in solcher Ausdehnung an der Leitung des Pfarrwesens theilnehme, dürften die Vorsteher erwiedern: „Gebet uns erst Gemeinden, wie jene der ersten Zeiten, so voll des echten Glaubens, so losgetrennt von dieser Welt und ihrer Lust, so opferwillig und vor allem so bescheiden, gelehrig und demuthsvoll." Und an manche durften sie auch wohl die Ermahnung beifügen: „Benutzet zuerst für euch die Missionsthätigkeit, eifert denen, die zu frommen Genossenschaften sich vereinigen, in den Werken der Liebe und Demuth, in der Sorge für Kranke, Arme und Waise, im Gebete und Empfang der Sakramente nach; und wann euer Beispiel viele andere zu gleichem Eifer wird entzündet haben: dann kommt und redet von Herstellung des altchristlichen Gemeindelebens." Diese Herstellung kann die Durchdringung des Lebens mit dem Geiste des Christenthums nicht hervorbringen, sondern setzt sie voraus.

Insofern man aber nun nicht bloß von der Gemeinde und ihrem Seelsorger, sondern von der Betheiligung der Laien an kirchlichen Angelegenheiten in größerm Maßstabe redet; so scheint mir, daß weise Katholiken solche Vorschläge und Anpreisungen nach den Erfahrungen, welche auf dem Gebiete des staatlichen Lebens vor Augen liegen, beurtheilen müßten. Bevor die Umwälzungen, welche die Welt nicht mehr zur Ruhe kommen lassen, begonnen, gab es in den Staaten ohne Zweifel große Uebelstände. Da hat man denn auch goldne Berge verheißen, wenn nur erst die Völker sich selbst regieren, oder doch an der Verwaltung allgemeineren Antheil nehmen dürften. Und man hat auch damals ohne Unterlaß auf die alten Zeiten, bald auf die griechischen Republiken, bald auf die schweizerischen Urkantone zurückgewiesen. Aber haben denn die Völker dadurch, daß man ihnen Antheil an der Regierung verschaffte, wirklich das gewonnen, was man sich versprochen hat? Eine Antwort gibt das sociale Elend der Gegenwart, wider das man jetzt Hülfe sucht. — Wer unserm Gedankengange gefolgt ist, wird leicht sehen, daß wir damit nicht sagen wollen, die democratischen oder die constitutionellen Verfassungen seien ihrer Natur nach verwerflich, sondern nur, eine Regierungsform, welche einem Volke zu einer Zeit heilsam war, beglücke darum nicht auch andere Völker zu andern Zeiten. Wie vielen traurigen Täuschungen, wie manchen schändlichen Umtrieben giebt die Volksherrschaft, giebt die Volksvertretung Raum, sobald im Volke Genügsamkeit, Enthaltsamkeit, Treue, Biederkeit und Gradsinn aufgehört haben, herrschende Eigenschaften zu sein. Mit schönen Worten lassen sich verschwundene Zeiten ebenso wenig zurückführen, als durch schöne Gemälde die Reize entfernter Gegenden zu uns herüberzaubern.

Es ist eine der gnadenreichen Fügungen Gottes, die wir mit freudigem Danke anerkennen müssen, daß im Stande der Laien seit einigen Jahrzehenden ein großer Eifer für die Kirche und ihre Interessen erwacht ist, und nicht bloß einzelne derselben, sondern ganze Vereine und Genossenschaften die mannigfaltigste Thätigkeit für das katholische Leben entwickeln. Aber wenn man nicht zufrieden diese Bestrebungen zu fördern, alle, die sich Katholiken nennen, zur Theilnahme an allem, was oben erwähnt wurde, riefe; so hätten wir ganz gewiß nur mehr und mehr Unordnung und Zerwürfniß zu gewärtigen. Man hat, wie gesagt, auch von Abgeordneten aus dem Laienstande auf Synoden geredet. Was müßten wir auch nur bei den Wahlen befürchten? Würden sich nicht jene, — ihre Zahl ist leider nur zu groß, — die jetzt gegen das kirchliche Leben ebenso gleichgültig, als dem Geiste des Christenthums entfremdet sind, ohne sich mit diesem wieder erfüllt zu haben, herbeidrängen, sobald es sich um Betheiligung an der Verwaltung der Kirche handelte? Aus eben diesem Grunde dürfte man sich, auch wenn die gewünschte Vertretung auf die einzelnen Gemeinden beschränkt würde, keinen segensreichen Erfolg versprechen. Denn welche Gemeindeglieder würden, wenn es darauf ankäme, mitzuregieren, die rührigsten und meistens auch die einflußreichsten sein? die weisesten und frömmsten, oder die geschicktesten, die kecksten, die anmaßendsten? Was müssen wir nicht in eben diesen Tagen aus dem Munde gewisser Laien, und zwar solcher, die sich übrigens noch durch Anstand und Mäßigung auszeichnen, vernehmen? Sie bekennen sich vor ihrem Bischof und der ganzen Welt ohne alle Scheu zu Ansichten, welche der h. Stuhl und ihm beistimmend der Episcopat in feierlicher Weise für verderbliche Irrthümer erklärt hat; ein Verfahren, das von einem allgemeinen Concil vorgeschrieben und von Päbsten Jahrhunderte hindurch geübt ist, bezeichnen sie als zweckwidrig und unchristlich; sie machen nicht etwa Vorschläge in Betreff der Gemeindeschulen, sondern legen sich ein Urtheil über die Einrichtung des theologischen Studiums bei, eine allgemeine Kirchenversammlung zum voraus vor Maßregeln warnend, die sie als unheilvoll mißbilligen müßten. Wahrlich, das ist kein Benehmen, welches den Wunsch der ihnen vor allen andern scheint am Herzen zu liegen, empfehlen könnte.

Wir haben bisher in der Voraussetzung geredet, daß die Vertretung des Laienstandes, jene wenigstens, welche auch auf den Synoden verlangt wird, sich darauf beschränke, den berathenden Vätern Berichte zu erstatten und Wünsche zu eröffnen. Denn wofern überdies eine Betheiligung an den Beschlüssen gefordert würde, müßte jeder aufrichtige Katholik solche Vorschläge oder Wünsche sofort mit Ernst und Abscheu von sich weisen. Oder was könnte er in ihnen anders sehen als den Versuch, das Princip des bürgerlichen Liberalismus auf die Kirche zu übertragen, und in ihr dieselbe Umwälzung hervorzurufen, denen die Staaten unterlegen sind? Diesen Versuch aber müßte der Katholik als einen Frevel wider Gottes heilige Anordnung betrachten. Die Kirche ist keine Gesellschaft, die Menschen-gegründet und eingerichtet hätten; sie besteht auch nicht durch das bloße Naturgesetz, das die Vernunft erkennt und auslegt: sie ist das Reich Gottes auf Erden, gegründet auf dem Eckstein, der vom Himmel kam, auf Jesus Christus, dem Gekreuzigten und Erstandenen, der ihr jene Verfassung, Gesetze und Rechte gegeben hat, die im Himmel, im Rathe des dreieinigen Gottes, beschlossen waren. Welche ist aber diese Verfassung? Dem einen Petrus hat Jesus Christus die Schlüssel d. i. die Vollgewalt in diesem Himmelreiche auf Erden verliehen, und außer ihm sind die Bischöfe vom h. Geiste gesetzt, unter seiner, des obersten Hirten, Leitung und Aufsicht, die Kirche Gottes zu regieren. Das ist die einzige rechtmäßige Gewalt in der Kirche, das die Verfassung, welche ihr der Sohn Gottes gegeben hat, und sie ist über der Menschen, die sie nicht gegründet haben und nicht zerstören können, Dichten und Trachten erhaben.

Wenn wir die Gedanken, auf welche wir geführt wurden, bis hieher verfolgt haben; so geschah dies keinesweges, um wider jene, deren Ansichten wir bestritten, den Verdacht zu erregen, daß auch sie ihre Wünsche oder Vorschläge bis zu diesem frevelhaften Angriff auf die Verfassung der Kirche steigern möchten. Indem wir aber, um ein solches Unterfangen in sein wahres Licht zu stellen, an die Grundwahrheit des katholischen Glaubens erinnerten; haben wir zugleich auf die unerschütterliche Grundlage unserer Hoffnung und die unversiegbare Quelle unseres freudigen Muthes hinzuweisen. Nein, wir Katholiken haben, wenn anders Gottes Sache unsere Sache ist, von dem bevorstehenden Concil nichts zu befürchten, sondern nur Heilsames, Trost- und Segensreiches zu erwarten: denn es sind die von Gott uns gegebenen Väter und Hirten, welche sich versammeln, und sie werden wie immer, so auch jetzt sein Wort an sich erfahren: „Sehet, ich bin mit euch bis ans Ende der Welt."

# Zweite Abtheilung.

Wenn es Zeiten giebt, in welchen an den Christen eine dringende Aufforderung ergeht, seinen Glauben dadurch zu bewähren, daß er in der Hoffnung nicht wanke; so ist eine solche Zeit ganz gewiß die unsrige. In ihr ist jener, welchen unser Heiland den Fürsten dieser Welt und seinen Widersacher nennt, durch die Schuld der Menschen, dahin gelangt, daß ihm, was immer eine Macht im menschlichen Leben heißen mag, zum Kampfe wider Gottes Reich dienstbar geworden ist. Wir sehen nicht mehr bloß Einzelne, sondern die Vertreter und Lenker ganzer Nationen „den alleinigen Gebieter und Herrn, Jesum Christum verläugnen" (Jud. 4.), und seinem Werke, seinen Anstalten, als wären sie von jenem Widersacher selbst geleitet, durch arglistige Maßregeln und gottlose Gesetze widerstreben. Und jene geistige Macht, die Wissenschaft, wie hat sie sich dem Vater der Lüge ergeben, um mit den Irrthümern der Heidenwelt von neuem die Seelen zu verfinstern, und die Herzen zu verderben! Doch so viel als die Wissenschaft, wenn nicht mehr, vermag in der irdischen Welt das Geld; und diese Macht ist zugleich mit der ihr nur gar zu sehr unterwürfigen Tagespresse vorzugsweise in den Händen der bittersten Feinde des Christenthums. Jene Massen aber, die unter dem Drucke des Elendes, das ihre und Anderer Lasten hervorrufen, ergrimmend, die

Ordnung des gesellschaftlichen Lebens bedrohen, zeigen sich nicht weniger mit Zorn wider Jesus Christus und seine Kirche erfüllt. Was endlich diese Zustände noch viel trauriger, um nicht zu sagen grauenvoller erscheinen läßt, ist, daß jene Mächte, wenngleich zum Theile ohne es zu wissen, von einem Bunde getrieben und geleitet werden, dessen Häupter sich die Vertilgung der Religion Jesu Christi zum eigentlichen Ziele all ihrer Thätigkeit gesetzt haben. Fast über den ganzen Erdkreis und durch alle Schichten der menschlichen Gesellschaft verzweigt, arbeitet er besonders seit einem Jahrhundert rastlos diesem Ziel entgegen; und je größer die Erfolge sind, die er bereits errungen hat, desto weniger ist er bemüht, sich und seine Anschläge länger noch mit dem Dunkel des Geheimnisses zu umhüllen.

Der höchste Wächter auf Sion, Christi Statthalter auf Erden, hatte dies Geheimniß der Bosheit seit lange erkannt und aufgedeckt, Völker und Fürsten vor dem Verderben, das ihnen bereitet werde, warnend: aber nie so scharf und nachdrucksvoll als in den letzten Jahrzehnten bald die große Verschwörung und ihre ruchlosen Pläne gekennzeichnet, bald die diesen entsprechenden Neuerungen in der bürgerlichen Ordnung, in der Wissenschaft und im Leben der Völker gebrandmarkt. Alles vergebens. Aber während deshalb die Feinde Christi und seines Reiches auf Erden immer größere Vortheile erringen; entzündet sich in der ob auch minderen, doch nicht geringen Zahl der getreuen Gläubigen ein Eifer, und entwickelt sich eine Thätigkeit, wie sie die vergangenen Jahrhunderte nur selten sahen: und während die wider alles Heilige Verschwornen eben jetzt in katho=

lischen Reichen erzielen, was sie kaum hoffen durften, und die äußersten Anstrengungen machen, die Zerstörung alles dessen, was in der menschlichen Gesellschaft von der Kirche herrührt, zu Ende zu führen; beruft das Oberhaupt dieser aus allen Sprengeln des Erdkreises die Hirten des christlichen Volkes, um mit ihnen vereinigt von der höchsten Gewalt, die Gott verliehen hat, den ausgedehntesten Gebrauch zu machen. Wer diese Lage der Dinge in der Gegenwart überblickt, wird eingestehen, daß der Kampf, den in ihr die Kirche mit ihren Feinden führt, ein Kampf auf Leben und Tod ist.

Damit soll nicht gesagt sein, daß keine vergangene Zeit ebenso große Kämpfe sah. War es nicht ein Kampf auf Leben und Tod, als die römischen Kaiser und andere heidnische Fürsten die kaum gegründete Kirche mit der ganzen Wucht ihrer Gewalt zu erdrücken suchten, ihre Diener und Kinder zu Tausenden erwürgend? Mußte die Kirche nicht von neuem um ihr Dasein kämpfen, als, bevor sie den Frieden, der ihr geschenkt war, zwei Jahrhunderte genossen, barbarische Völker die Länder, in denen sie sich ausgebreitet hatte, überschwemmten? War es nicht abermal ein Kampf auf Leben und Tod, als die türkischen Heere wider die Völker des Abendlandes vordrangen, und eben da sie am ungestümsten droheten, im Innern der Kirche jene Empörung ausbrach, die für sich allein hingereicht hätte, sie, wenn es möglich wäre, zu Grunde zu richten? Oefters also hat die Kirche den äußersten Kampf bestanden. Doch dies ist unserer Zeit eigenthümlich, und in der Geschichte aller Vergangenheit unerhört, daß von ihr oder doch von ihrem Geiste abgefallene Kinder sich zu ihrem Untergange verbündet haben. Wie schweres Leid sie auch ehemals in ihrem eignen Schooße zu erdulden hatte; mit Vertilgung vom Angesicht der Erde war sie nur von äußern Feinden bedroht.

Darum also sagten wir, daß, wenn je, heutzutage an uns die dringende Mahnung ergeht, durch den Glauben uns in der Hoffnung zu bestärken. Wir haben in der ersten Abtheilung dieser Schrift wider gewisse Wünsche, deren Erfüllung man von dem bevorstehenden Kirchenrath erwartet, und wider Befürchtungen, die man in Betreff desselben äußert, geredet; weil die einen und die andern uns mit der Gesinnung, die der echte und volle Glaube einflößt, unvereinbar scheinen. Indem wir nun von der Hoffnung sprechen wollen, mit welcher der Katholik der nächsten Zukunft entgegen sehen soll; ist es nicht unsere Absicht, die einzelnen Maßregeln oder Erfolge, die vom Concil zu erwarten seien, zu bestimmen, sondern vielmehr mit unseren Lesern die Gründe zu erwägen, welche uns die Zuversicht geben müssen, daß die Kirche auch dieses Mal aus dem Kampfe mit den sie befeindenden Mächten siegreich hervorgehen wird, möge es uns auch nicht vergönnt sein, vorherzusehen, auf welchen Wegen Gott sie zum Siege führen werde.

Den ersten Grund, mit dieser Zuversicht den Ausgang des Concils zu erwarten, finden wir in den oben erwähnten Zeitumständen, gerade darin, will ich sagen, daß der Kampf der Kirche in diesen unsern Tagen so außerordentlich groß ist. Wenn zwei sich bekriegende Staaten alle ihre Kräfte aufbieten, und die gesammelten Heere dann zu einer entscheidenden Schlacht einander entgegen rücken; so wird der Ausgang nicht blos deshalb

mit Bangigkeit erwartet, weil es ungewiß ist, auf
welcher Seite das Kriegsglück sein werde, sondern auch
weil in solchen Fällen nicht selten der Sieg so theuer
erkauft wird, daß er einer Niederlage nahe kommt. Wie
oft ward vom Sieger jenes Wort wiederholt: „Noch
ein solcher Sieg, und wir sind verloren!" Aber anders
verhält es sich mit den geistigen Kämpfen. Des Geistes
Kraft erschöpft sich nicht, sondern wächst im Streite,
und darum ist er nach jedem Siege stärker, als vorher,
und die Beute, die er mit demselben davonträgt, um so
reicher, je größer die Anstrengung war, womit er ihn
errang. Ist dies wahr von allen geistigen Kämpfen, so
ist es noch viel mehr wahr von den Kämpfen der
Kirche. Wie getrost dürfen wir also dem Ausgange
des gegenwärtigen entgegen sehen! Die Kirche kann nicht
erliegen; denn der Arm des Allmächtigen hält sie: je
größer aber der Kampf ist, den sie besteht, mit desto
kostbareren Gütern wird sie bereichert.

Es dürfte überflüssig scheinen, zu Katholiken über
diese Wahrheit ein Mehres zu reden: jedoch was nicht
nothwendig ist, die Ueberzeugung hervorzubringen, das
kann sehr angemessen sein, dieselbe zu beleben.

Die hh. Väter belehren uns, daß die Verklärung
des Herrn auf dem Berge Thabor zunächst den Zweck
hatte, die Apostel, welche bei derselben zugegen waren,
für die bevorstehende Zeit des Leidens zu stärken, auf
daß sie, den Heiland in seiner Menschheit sterben sehend,
im Glauben an seine Gottheit nicht wankten. Der h.
Papst Leo der Große aber fügt hinzu, daß die göttliche
Vorsehung durch eben dies Geheimniß auch die Hoffnung
der Kirche befestigen wollte, die Hoffnung nämlich, daß

sie, wie an der Erniedrigung, so an der Verherrlichung ihres Hauptes Antheil haben werde¹). Wodurch aber war das Geheimniß geeignet, den Glauben der Jünger zu vermehren? Dieselben hh. Väter hoben drei Umstände hervor. Dem verklärten Heilande erschienen Moyses und der größte der Propheten Elias, damit in ihnen der alte Bund von Jesus Christus Zeugniß ablege. Es erscholl die Stimme des Vaters vom Himmel: „Dieser ist mein geliebter Sohn: ihn sollt ihr hören." Endlich offenbarte sich am Leibe des Herrn, so viel dies möglich war, die Glorie und Majestät der Gottheit, die in ihm wohnte. Ebenso nun sollen auch uns der alte Bund mit seinen Schicksalen und Verheißungen, die feierliche Erklärung des Sohnes Gottes über seine Kirche, die Herrlichkeit endlich, welche sich an dieser selbst schon in der Zeit offenbart, im Glauben an ihren göttlichen Ursprung, und in der Hoffnung ihres siegreichen Fortbestehens stärken.

Was der Apostel von den Strafen, die Gott über die Juden verhängte, sagt: „Alles dies widerfuhr ihnen im Vorbilde" (1. Kor. 10, 11); das haben wir nach der Auslegung des h. Thomas von der ganzen Geschichte des auserwählten Volkes zu verstehen²). Es wurden in dieser die Geschicke der christlichen Kirche vorgebildet. Was tritt nun aber in allem, was den Kindern Israels begegnete, so sichtbar hervor, als die schützende Vorsehung Gottes, die über ihnen waltete? Sie seufzten unter dem Drucke des ägyptischen Tyrannen ohne Aus-

---

¹) Serm. d. Transfigur. Domini.
²) Summa theol. p. 3. 9. 27. a. 2.

sicht auf menschliche Hülfe: Gottes mächtiger Arm befreit sie durch eine Reihe von Wundern, den Tyrannen mit seinem Heere unter den Fluthen begrabend. Er führt sie durch die Wüste, in der er sich ihnen geoffenbart, vom Himmel sie speisend, und mit Quellen aus den Felsen sie tränkend. Er vernichtet oder zerstreut vor ihnen mehrere große Völker, und setzt sie in den Besitz des Landes, das den Vätern verheißen war. Wie er schon in der Wüste ihre Vergehen gezüchtigt, aber sie nicht vertilgt noch verlassen hatte; so ließ er auch von nun an, wann ihre Sünden es verdienten, zu, daß sie von den umwohnenden Völkern bekriegt, unterjocht und grausam geplagt wurden: aber so oft sie, durch sein Erbarmen zur Buße geweckt, reumüthig zu ihm riefen; sandte er ihnen Retter, mit seiner Macht gerüstet. Auch zur Zeit der Könige sehen wir, was immer ein Volk zum Verderben führen kann, im jüdischen Volke oftmals bis zu einem hohen Grade gesteigert: Untreue gegen Gott, ja gänzlichen Abfall von seinem Dienste und alle anderen den Götzendienst begleitenden Laster, falsche Propheten, innere Zerwürfnisse. Aber welches sind die endlichen Folgen? Schwere Strafen doch nicht Untergang. Nicht bloß Samaria, auch Jerusalem wird zerstört, und der mehrmals geplünderte Tempel endlich eingeäschert. Aber auch aus der Gefangenschaft, in die es fortgeschleppt war, führt Gott sein reuiges Volk zurück, daß es Stadt und Tempel wieder erbaue, und das Land in Frieden bewohne. Zwar kam in der letzten Zeit durch den Wütherich Antiochus noch schwere Bedrängniß über die Anbeter des wahren Gottes: aber ein Held, von Gott geweckt, erkämpft mit dem

Schwerte, das ihm vom Himmel gereicht war, seinem Volke die Freiheit, nach dem göttlichen Gesetze zu leben. Und so bestand der alte Bund mit allen Einrichtungen, die Gott bestimmt hatte, fort, bis Jener erschien, der die Hoffnung der Väter und die Erwartung der Völker war.

Dies also ist das Vorbild der Geschichte des Reiches Christi auf Erden. Gleichwie das Judenthum unter solchem Wechsel von Schicksalen, in sich selbst unverändert, wie Gott es gegründet hatte, bis zur Ankunft des Erlösers fortdauerte; also soll die christliche Kirche unter großen Kämpfen und Leiden, ihrem Geiste und ihrer Verfassung nach unverändert bis zur zweiten Ankunft Jesu Christi fortbestehen: und wie der alte Bund in den neuen, den er vorgebildet hatte, überging; also soll die christliche Kirche in das Reich der Verklärung, das sie nicht blos vorbildet, sondern ihren Bekennern als ihr ewiges Erbe zusichert, übergehen.

Indeß nicht blos als Vorbild, sondern viel bestimmter noch durch die Verheißungen, woranf er selbst gegründet war, verbürgt uns der alte Bund die Ewigkeit des neuen. War nicht der Mittelpunkt dieser Verheißungen der Erlöser? Nun war aber von diesem nicht blos geweissagt, „daß durch ihn alle Völker sollten gesegnet", „daß er herrschen werde von Meer zu Meer", sondern ebenso ausdrücklich, daß sein Reich auf Erden dauern und kein Ende haben werde. „Ich will", spricht Gott von der Zeit des Messias redend, „ich will einen ewigen Bund mit ihnen schließen" (Jf. 61, 8.). Und Daniel, die vier großen Reiche der alten Welt vorher verkündigend, fährt mit feierlichem Nachdrucke fort: „In jenen Tagen wird der Gott des Himmels ein Reich erwecken, das in Ewigkeit nicht zerstört werden wird." Und nochmals: „Es wird", (dieses Reich Gottes) „alle jene Reiche" (der Mächtigen auf Erden) „aufreiben: selbst aber ewig bestehen." (2, 44.) Diese Dauer des Reiches Jesu Christi war also in der großen Verheißung, auf welche die Gläubigen des alten Bundes alle ihre Hoffnung stützen mußten, eingeschlossen; und alle jene göttlichen Thaten, an welche Gott die Juden, um sie in dieser Hoffnung zu befestigen, so oft erinnern ließ, die Plagen Aegyptens, der Durchzug durch's rothe Meer, die Gesetzgebung auf Sinai, die Feuersäule in der Wüste, die Siege über die Chananäer, die Einnahme Jericho's, die Wunderwerke der Richter und Propheten, sie können und sollen auch in uns die Zuversicht vermehren, daß die Kirche Jesu Christi unüberwindlich ist, daß sie den Untergang aller sie bekämpfenden Mächte sehen, selbst aber fortdauern wird, bis Er, der sie gegründet hat und nie verläßt, auf den Wolken des Himmels wieder kommen wird.

Und war es nicht eben dieses, was beim Beginn des neuen Bundes von Gott betheuert wurde? Von Ihm, den Maria empfangen und gebären sollte, spricht der Engel: „Er wird herrschen im Hause Jakobs ewiglich, und seines Reiches wird kein Ende sein." (Luc. 1. 32) Damit es aber nicht scheine, daß hier nur von der unsichtbaren Herrschaft, die Christus über die Seelen übt, die Rede sei; so spricht der Herr selbst feierlich und ernst: „Du bist Petrus, der Fels, und auf diesem Felsen will ich meine Kirche bauen, und die Pforten der Hölle sollen sie nicht überwältigen." (Mtth. 16, 18.)

Das Wort „Kirche" (Ecclesia) bedeutet nichts Unsichtbares, rein Geistiges, sondern eine Versammlung von Menschen: nicht also der innern Herrschaft über die Seelen allein, sondern auch dem äußerlichen Reiche Christi wird die immerwährende Dauer zugesichert. Und wie hat sich der Herr, um diese Unzerstörbarkeit auszudrücken, der stärksten Redeweise bedient! Auch die übermenschliche Gewalt, die **Pforten der Hölle** werden sich umsonst bemühen, diesen Bau zu erschüttern: denn er ruht nicht auf einem Grunde, wie ihn auch Menschen legen können, sondern auf dem **Felsen**, den Gott geschaffen. Ist also nicht diese Verheißung des Sohnes Gottes jenes feste prophetische Wort, auf das wir in diesen unsern Tagen nach desselben h. Petrus Ermahnung, achten sollen, wie auf ein Licht, das da leuchtet am dunklen Orte? (2. Petr. 1, 19.) Wie viele Throne sind seit einem Jahrhundert umgestürzt, wie viele Scepter zerbrochen, wie viele Herrscherfamilien in die Fremde verstoßen, wie viele Staaten umgewandelt oder andern einverleibt; und alle die Stürme, welche diese menschliche Größen zerstört haben, sie waren und sind auch, ja vorzüglich wider die Kirche Jesu Christi gerichtet; diese aber allein steht mitten unter den zerfallenden Reichen der Welt unüberwindlich da. Wohl mag sie, wie einst das jüdische Volk, von äußeren Feinden beunruhigt, bedrückt, mißhandelt und in ihrem Innern durch Spaltungen, Irrthümer und Laster ihrer Bekenner den größten Leiden unterworfen werden: aber sie wird — dafür bürgt das feste prophetische Wort — weder in äußeren Kämpfen unterliegen, noch durch innere

Leiden aufgerieben werden, sondern aus diesen und jenen sich mit stets verjüngter Kraft erheben.

Ja, so ist der Sieg, den Gott seiner Kirche immerdar verleiht, beschaffen, daß sie durch denselben nicht blos ihr Dasein fristet, sondern auch in sich selbst erstarkt. Und wie könnte es anders sein? Die feindseligen Mächte, die sie in ihrem eignen Innern zu bekämpfen hat, sind der Irrthum und die Sünde. Ueberwindet sie aber den Irrthum nicht gerade dadurch, daß sie unter ihren Kindern das Licht der Erkenntniß verbreitet, und die Sünde dadurch, daß sie in ihnen den Geist der Heiligkeit weckt? Der äußeren Verfolgung und Bedrückung aber setzt sie jenen Widerstand entgegen, von dem geschrieben steht, daß er „das Werk vollendet", und mit allen Gütern des Himmels bereichert, die Geduld. (Jac. 1, 14.) Darum spricht die Kirche mit dem Apostel: „Ich habe Wohlgefallen an meinen Schwächen, an den Schmähungen, den Nöthen, den Verfolgungen, den Bedrängnissen um Christi willen: denn wenn ich schwach bin, dann bin ich stark." (2 Cor. 12, 10.) Gleichwie Christus, ihr Bräutigam, „in der Schwäche" seiner menschlichen Natur „gekreuzigt worden, aber lebt durch die Kraft Gottes", also ist auch die Kirche „schwach in ihm" d. i. seinetwegen, „aber wird mit ihm leben aus Gottes Kraft." (Ebend. 13, 4.)

Diese trostreiche Wahrheit wird uns durch die Geschichte der Vergangenheit in solcher Weise bestätigt, daß die Kirche sich dem betrachtenden Geiste schon in ihrem irdischen Dasein von Zeit zu Zeit, gleich dem Heiland auf dem Berge Thabor, im Glanze der Verklärung zeigt. Oder umgab sie diesen Glanz nicht gleich von

Anbeginn, da sie unter der Wucht der Verfolgung emporwuchs, und durch alle Völker sich verbreitete? da ihre Kinder, schaarenweise zur Marter geführt, im Tode den Tod glorreich überwanden? da sie, aus diesen blutigen Kämpfen siegreich hervorgehend, in den römischen Kaisern die höchste Gewalt auf Erden vor ihrem göttlichen Ansehen sich beugen, und in den ringsum sich erhebenden Tempeln die neugebornen Völker den einen wahren Gott und den er gesandt hat Jesum Christum anbeten sah?

Alsbald jedoch begann die nicht minder schwere und vielleicht noch gefahrvollere Prüfung der Irrlehren und Spaltungen. Kann man die Namen Arius, Novatus, Pelagius, Donatus, Nestorius, Eutyches, Sergius nennen, ohne daß von dem Geiste dessen, dem die Schicksale der Kirche nicht unbekannt sind, eine lange Reihe der traurigsten Ereignisse vorübergehe? Doch siehe, trotz aller Arglist, Beredtsamkeit und Gewalt hat keine Irrlehre und keine Spaltung ihr Ziel erreicht: obwohl von den Großen dieser Welt und selbst von Kaisern unterstützt, sind sie alle überwunden worden, und die vielen Kämpfe haben nur dazu gedient, daß die Einheit der Kirche, durch immer engern Anschluß an ihren Mittelpunkt, den Stuhl Petri befestigt, und die großen Wahrheiten des Christenthums in immer helleres Licht gesetzt, und wider entstellende Deutungen geschützt wurden. Zudem gab Gott der Kirche in eben dieser Zeit jene große Anzahl von hh. Lehrern und Vätern, deren ebenso tiefe und scharfsinnige als salbungsvolle Erörterungen für alle folgenden Jahrhunderte die ergiebigste Quelle christlicher Weisheit und Wissenschaft geworden sind. Auch aus diesem Kampfe ist also die Kirche mit überreicher Siegesbeute und einer sie durchstrahlenden Fülle himmlischen Lichtes hervorgegangen.

Indeß noch waren dieselben nicht vollendet, und schon hatte ein neuer Kampf ganz anderer Art begonnen. Derselbe Pabst Leo der Große, welcher von den genannten Häresien die letzteren bekämpfte, zog dem Hunnenkönig Attila entgegen, um ihn durch eine Mahnung, welcher nur der Himmel solche Kraft verleihen konnte, auf seinem Heerzuge gegen Rom aufzuhalten, und zur Umkehr zu bewegen. Attila gehorchte. Aber was Gott damals verhinderte, ließ er später zu. Die barbarischen Völker, welche in jener Zeit Europa durchwanderten, drangen endlich auch bis zur Stadt, die sich die ewige genannt hatte, vor, um, nachdem sie der römischen Herrschaft im ganzen Abendlande ein Ende gemacht hatten, auch das Haupt derselben zu zerstören. Rom ward ihre Beute, und sie richteten dort, wie überall eine solche Verwüstung an, daß auch erleuchtete Männer und große Seelen an einer Wiederherstellung des gesitteten Lebens scheinen mitunter verzweifelt zu haben. Der h. Gregor spricht in seinen Homilien die Ueberzeugung aus, die manche seiner Zeitgenossen theilten, daß das Ende der Welt bevorstehe. Sie wußten, daß die Kirche Christi nicht untergehen könne; daß sie aber nach der Zerstörung aller Ordnung unter den Völkern, welche diese Zerstörung angerichtet hatten, fortbestehe, schien ihnen ebenso unmöglich. Und doch sollte die Herrschaft Christi auf Erden erst jetzt in größerer Ausdehnung beginnen, und die Heil und Segen bringende Wirksamkeit seiner Kirche gerade an diesen Völkern sich wunderbar bewähren. Sie hat sich bewährt. Die Kirche ist mit den Reichen der alten Welt nicht nur nicht zu Grunde gegangen, sondern hat sich die Besieger derselben selbst unterworfen. Durch ihren Einfluß bildete sich jene neue Ordnung der Dinge in der Völkerfamilie Europa's, welche bis zu unseren Tagen dauerte, und in ihr hat die Kirche unter fortgesetzten Kämpfen und Leiden aller Art der glänzenden Siege viele gefeiert.

Wenn nun aber jetzt diese Ordnung in Trümmer geht, so wird es doch den gesitteten Barbaren ebenso wenig gelingen, als es den ungesitteten gelang, unter jenen Trümmern das Reich Jesu Christi zu begraben. Nur weil sie höheren Ursprungs war, hat einst die Kirche jene Völker aus wilden Heiden zu gebildeten Christen machen, und mit allen Wohlthaten des irdischen und überirdischen Lebens bereichern können: aber darum auch, weil sie himmlischen Ursprungs ist, werden die, welche aus denselben Völkern sich wider sie in schwarzem Undank zusammenrotten, so groß ihre Anzahl, ihre Macht und Verschmitztheit sein mag, ihren Untergang nicht herbeiführen. Auf Felsengrund ist sie erbaut, und wir haben, noch einmal sei es gesagt, ein festes prophetisches Wort: „Der Herr der Heerschaaren hat beschlossen", daß sie ewig stehe, „und wer wird (seinen Beschluß) vereiteln"? „seine Hand ist ausgestreckt", sie schützend ihre Feinde zu schlagen, „und wer wird sie," diese Hand des Allmächtigen, „abwenden?" Auch in unsern Tagen wird, was menschliche Bosheit zu ihrem Verderben unternimmt, zu ihrem Heile und Ruhme gewendet werden.

Aber sind wir berechtigt, uns einen solchen Sieg der Sache Christi gerade von der Kirchenversammlung, die bevorsteht, zu versprechen? Giebt es ja manche Wege, auf welchen Gott, was er verheißen hat, herbeiführen kann, und ist es uns ja nicht gegeben, "Zeit und Stunde zu wissen, welche der Vater in seiner Macht bestimmt hat."

So ist es, entgegnen wir; aber dies hindert nicht, daß wir aus dem, was Gott gethan hat, ohne in seine verborgenen Rathschlüsse eindringen zu wollen, das, was er thun werde, einigermaßen erschließen können. Ist nicht Er es, welcher der Kirche ihre Verfassung gegeben, und dadurch die Versammlung ihrer Hirten unter ihrem Oberhaupte zu der wirksamsten Maßregel, sie zu erleuchten, zu leiten, zu schützen gemacht hat? Und belehrt uns nicht die Geschichte, daß er sich stets dieses Mittels bediente, die größten Wirkungen zum Besten der Kirche hervorzubringen? Ohne in frühere Jahrhunderte zurückzukehren, erinnern wir uns an die letzte allgemeine Synode zu Trient. In welcher Lage war zu ihrer Zeit die Kirche? Nachdem sie dem griechischen, lange schon in sich zerrütteten Kaiserreich ein Ende gemacht, und Constantinopel eingenommen hatten, drangen die Türken mit Macht gegen die Reiche der abendländischen Kirche vor: ihre Kriegsheere wütheten in Ungarn und ihre Flotten bedrohten Italien. Die Fürsten des Abendlandes, welche diesem Feinde kaum mit vereinigten Kräften gewachsen schienen, befehdeten sich untereinander. Da erhoben sich in Deutschland, in Frankreich, in der Schweiz die drei Häupter der neuen großen Irrlehre, alles immer mehr mit Zwietracht, Unordnung und Verwirrung zu erfüllen, und endlich fiel auch noch England, mit seinem König an der Spitze, von dem Glauben und der Einheit der Kirche ab. Das größte Uebel jedoch, ohne welches Irrlehre und Empörung keine so rasche Verbreitung nach allen Seiten hin gefunden hätten, waren die vielfach eingerissenen Mißbräuche, und das von den weltlichen Ständen in die geistlichen übergegangene Sittenverderbniß. Wenn nun nichtsdestoweniger die Lehre Christi wider die mannigfaltigsten Angriffe geschützt, und in ihrer Reinheit erhalten; wenn eben dadurch die Einheit unter den zweihundert Millionen Katholiken auf dem weiten Erdenrund bewahrt wurde, während die Anhänger der Irrlehren sich in eine Menge von Sekten theilten, von denen die einen in schwärmerischen Träumereien, die anderen im rationalistischen Unglauben sich verloren; wenn in allen Zweigen der kirchlichen Verwaltung, und zum Theile auch in der bürgerlichen Ordnung viele Mißbräuche ausgerottet; wenn die Aergernisse in der höheren und niederen Geistlichkeit wieder selten wurden; wenn durch bessere Einrichtung der Schulen, durch allgemeinere Verkündigung des göttlichen Wortes, durch vermehrte Theilnahme an den heiligen Geheimnissen und angemessene Benutzung aller andern Heilsmittel durch die katholischen Völker sich neues Leben ergoß: so verdankte die Christenheit diese wahre Reform dem Kirchenrath zu Trient; und wäre dieselbe nicht erfolgt, so hätte Gott vielleicht auch seinen Schutz wider die äußeren Feinde nicht verliehen, noch die apostolischen Arbeiten, durch welche in den beiden Indien ganze Völker Christo und seiner Kirche gewonnen wurden, so wunderbar gesegnet.

Hier dürfte man einwenden, daß jene Erneuerung des Geistes in den christlichen Völkern und diese Bekehrung der heidnischen wohl nicht stattgefunden hätte, wenn Gott in eben jenem Jahrhunderte nicht so viele Heilige in allen Ständen erweckt, und mit den seltensten Gaben der Gnade ausgestattet hätte. Da gab es heilige Cardinäle und Bischöfe, die nicht bloß dem Volke und den Priestern als Muster höchster Vollkommenheit leuchteten, sondern mit jener Weihe und Macht, die nur Gott verleihen kann, auch das, was unmöglich schien, zu Stande brachten; da gab es mehrere Stifter neuer und großer Orden, umgeben von Männern, in denen die Erstlinge des jedem eigenthümlichen Geistes erglänzten; da gab es überdies Ordensmänner und Gott geweihte Jungfrauen, denen das noch schwerere Werk gelang, den mehr oder weniger verfallenen und hinsiechenden Genossenschaften neues Leben einzuhauchen.

Alles dieses ist sehr wahr; aber wenn es in unsern Tagen keine Männer oder Frauen giebt, deren außerordentliche Heiligkeit sich in wunderbaren Erscheinungen oder Wirkungen kundgebe; so wissen wir einerseits nicht, wie viele Seelen Gott vielleicht in der Verborgenheit vorbereitet, um sich ihrer, wann die Zeit, die er bestimmt hat, gekommen sein wird, als Werkzeuge seiner Erbarmungen zu bedienen; andererseits aber hat er der Kirche in diesem unsern Jahrhundert eine Gnade derselben Art verliehen, die zum wenigsten von ebenso großer Bedeutung ist, und die gegenwärtige Zeit vor allen vergangenen auszeichnet. Diese Gnade ist die im ganzen Episcopate herrschende Reinheit des Glaubens und der Sitten, und die damit stets verbundene Einhelligkeit.

Zu keiner Zeit waren diese so allgemein, als in der unsrigen. Wenn die Geschichte übrigens auch schwiege, so würden die Satzungen, welche die ältesten Synoden zu verfassen genöthigt waren, mehr als zur Genüge beweisen, wie viele Aergernisse die Kirche auch während der ersten Jahrhunderte in ihren Hirten selbst zu beweinen hatte. Als aber der gottlose Arius seine Irrlehre verbreitete, da gab es neben den hh. Lehrern, die wir auf den Altären verehren, eine ganze Menge von Bischöfen, die dem Irrthume, auch nachdem er von der allgemeinen Kirche verurtheilt war, mehr oder weniger anhieng, und nicht wenige, die demselben auch durch unerlaubte und verbrecherische Maßregeln Dauer und Verbreitung zu verschaffen suchten. Sehr groß auch war die Zahl der Bischöfe, Priester und Mönche, die dem Nestorius, die dem Eutyches anhiengen, und auch unter ihnen scheuten sich manche nicht, ihre Sache durch sündhafte Mittel zu fördern. Um wenigstens an einige Thatsachen zu erinnern, waren es nicht Bischöfe, die den h. Athanasius, den h. Chrysostomus, den h. Cyrillus verfolgten, und die Kaiser verleiteten, sie aus ihren Sprengeln zu vertreiben, oder in Banden zu legen?

Und was soll ich von den folgenden Jahrhunderten sagen? Gewiß gab es in der ersten Hälfte des Mittelalters, nicht einige, sondern viele Bischöfe und Aebte, welche durch ihre Heiligkeit nicht minder, als durch ihre Würde hervorragten, und von Gott auch mit den Gaben der Apostel ausgerüstet waren. Ihnen ja verdanken fast alle Völker Europas ihren Beruf zum Christenthum und alle denselben begleitende Segnungen. Aber wenn die Mehrheit der übrigen Bischöfe und Priester diesen

Mustern nacheiferte, so liefern uns doch wiederum die Synoden jener Zeit den betrübenden Beweis, daß auch damals die Zahl derer, die ihr Gewand nicht ohne Makel zu bewahren wußten, nicht gering war. Wenn aber dieses vom Abendlande, in welchem die Religion eben damals aufblühte, zu gestehen ist, um wie viel mehr vom Morgenlande. Neben den heiligen Bischöfen und Mönchen, die Kerker, Mißhandlungen und Todesmarter um Christi willen standhaft ertrugen, gab es wiederum unter ihren Amtsbrüdern eine beträchtliche Anzahl, die den nichtswürdigen Kaisern in der Unterdrückung der Wahrheit und in der Verfolgung der Heiligen beistund.

Kein anderes Schauspiel bietet uns die zweite Hälfte des Mittelalters, und die Klagen, in welche sich am Ausgange desselben der Pabst Hadrian VI. über die Aergernisse in seiner nächsten Umgebung und in der Ferne vor der ganzen Kirche ergoß, hat man zwar aus andern Gründen mißbilligen, aber nicht der Falschheit überführen können. Allerdings ward nun nach dem Concil zu Trient auch in dieser Beziehung die Kirche durch eine Umwandlung erfreut; aber um manches andere zu übergehen, so boten ihr die Versammlungen des gallicanischen Clerus, welche die Vortheile und Rechte der Kirche nationaler Eitelkeit und schimpflichem Hofdienste unterordneten, und die Aftersynoden zu Pistoja und Ems, welche die Irrlehren des Jansenius und Febronius in das Leben der Kirche einzuführen trachteten, Gelegenheit genug, ihre Klagen zu erneuern.

Es darf uns dies nicht befremden, geschweige denn irre machen, da wir wissen, daß im gegenwärtigen Leben

unter jeglicher Würde die menschliche Gebrechlichkeit, und
bei allen Gaben der Gnade die Gefahr des Mißbrauchs
fortdauert. Und wenn von den zwölf ersten Bischöfen,
die Christus der Herr selbst erwählt, und drei Jahre
lang für ihr Amt vorbereitet hatte, einer ihn verrieth
und ein anderer verläugnete; was Wunder, daß sich
unter den Tausenden ihrer Nachfolger eine gewisse An=
zahl findet, welche Judas Bosheit oder Petrus Schwäche
nachahmen. Aber um so höher müssen wir den Vorzug,
der unserm Jahrhundert zu Theile ward, schätzen, und
um so dankbarer die gegen uns überaus gnädige Vor=
sehung anerkennen. Was Männer, welche Gelegenheit
hatten, die Wahl der Bischöfe in weiten Kreisen zu
beobachten, seit lange mit Rührung und Bewunderung
bemerkten, das offenbart jetzt allen der Erfolg: Gott
hat seit mehreren Jahrzehenten die Kirche für den
großen Kampf, den sie in unsern Tagen zu bestehen
hat, dadurch ausgerüstet, daß er ihr überall, selbst dort,
wo die Wahl fast ganz in den Händen unchristlicher
Fürsten oder Regierungen lag, ihres Amtes würdige
und ihrer Pflicht getreue Hirten verlieh. Wo sind jetzt
die Bischöfe, die Parteiungen bildeten, um Irrthümer,
welche die allgemeine Kirche verurtheilt, zu beschützen?
Mögen immer einige noch gewisse Meinungen begün=
stigen, welche die große Mehrheit verwirft; es sind das
keine Lehrpunkte, worüber Concilien oder Päbste aus=
drücklich entschieden hätten. Wo sind ferner heutzutage
die Hirten, welche die Laster, die sie in der Heerde
ausrotten müßten, in sich selbst zur Schau tragen? wo
solche, die den Gehorsam, welchen sie von ihren Unter=
gebenen fordern, dem gemeinsamen Oberhaupte verwei=

gern? Unter den Tausenden ist kaum einer oder der andere zu finden, den solcher Tadel einigermaßen trifft.

Zur Bekräftigung einer so erfreulichen Thatsache sei es gestattet, einen Blick auf die jüngsten Ereignisse in Italien zu werfen. Seit mehreren Jahren sind sämmtliche Bischöfe in dem neuen sog. Königreiche ihrer Einkünfte beraubt, und unaufhörlichen Plackereien, selbst von Seiten niederer Beamten, ausgesetzt. Eine große Anzahl wurde aus ihren Sitzen vertrieben, und schutz- und hülflos in die Verbannung geschickt, nicht wenige eingekerkert, andere öffentlich beschimpft und mißhandelt, manche von wüthenden Haufen in ihren Wohnungen überfallen, daß sie kaum das Leben retteten. Die Cardinäle und Bischöfe zu Rom und in seiner Umgebung mußten schon öfters nicht bloß ein ähnliches, sondern ein viel grausameres Schicksal befürchten, und sind wider die drohende Gefahr noch immer nicht auf längere Dauer geschützt. Auch am Ende des vorigen Jahrhunderts ward der Episcopat Frankreichs und Italiens, und mit ihm das Collegium der Cardinäle ähnlichen Prüfungen unterworfen. Beide haben sie im Ganzen genommen rühmlich bestanden; dennoch waren sowohl der Cardinäle als der Bischöfe nicht wenige, die der Versuchung unterlagen, und unter den letzteren in Frankreich mehrere, ob deren tiefem Fall die Christenheit erschauderte. Was aber heute? Nur ein Cardinal ist der Versuchung unterlegen, und selbst dieser hat sich noch zur Zeit von seinem Falle wieder erhoben. Von allen Bischöfen Italiens, (es giebt ihrer gegen dreihundert), ist nur einer zu der Partei der Gegner übergegangen, und ein anderer zu einiger Gemeinschaft mit ihr verleitet worden.

Man durchgehe die Geschichte aller Jahrhunderte, und suche ein Beispiel gleicher Standhaftigkeit.

Aber was für den guten Ausgang des Kirchenrathes von noch größerer Bedeutung ist, dieser musterhafte Episcopat ist durch engen Anschluß an den h. Stuhl zu jener Einheit verbunden, die sein schönster Vorzug und seine unüberwindliche Stärke ist. Es haben die Bischöfe diese ihre Einmüthigkeit nicht bloß durch die Ehrfurcht, womit sie die Erlasse des h. Stuhles aufnahmen, und durch den Eifer, mit dem sie die Rechte desselben zu wahren, und die Leiden des h. Vaters zu mildern bemüht sind; sondern noch in einer ganz besonderen Weise kundgegeben. Schon dreimal, seit dem Jahre 1854, hat Rom sie auf eine bloße Einladung des Pabstes aus den fernsten Gegenden, ja aus andern Welttheilen am Grabe des Apostelfürsten sich versammeln, und die Gesinnung, die sie hiedurch an den Tag legten, nach ernster Berathung, in öffentlichen Denkschriften verewigen sehen. Sind wir nicht zu der Hoffnung berechtigt, daß derselbe Geist der Eintracht in der feierlichen Versammlung, die wir erwarten, herrschen, und jene Störungen verhindern werde, die man auf manchen Concilien zu bedauern hatte?

Doch dieser Geist erfüllt nicht bloß die Hirten, er lebt auch in den Heerden, nicht zwar in allen unsern Zeitgenossen, die dem äußern Verbande nach der Kirche angehören, aber wohl in denen, welche den katholischen Glauben im Herzen haben, und im Leben bekennen. Und er offenbart sich in ihnen, jener Geist der katholischen Einheit, in derselben Weise, wie in den Bischöfen: durch die Ehrfurcht und den Gehorsam gegen den h. Stuhl, durch die Thätigkeit für dessen Vertheidigung, durch die Pilgerfahrten nach Rom, die in eben diesen Jahren, wo der Stuhl Petri von feindseligen Horden öfters bestürmt, immer bedroht wird, für jeden, der eine Zeit und die Bewegung der Völker in ihr zu verstehen weiß, ein großartiges Schauspiel sind.

Wohl ist es wahr, daß dieser Einklang der katholischen Welt bisher, ganz besonders in England und unserm deutschen Vaterlande, durch einen gellenden Mißton gestört wird. Derselbe geht nicht von Bischöfen, sondern von einigen Priestern aus, denen Laien sich anschließen. Aber hoffen wir, daß auch diese Verirrten den Ruf der Zeit, oder vielmehr den Ruf Gottes in der Zeit besser als bis anher verstehen lernen. Wenn jemals, so gilt heute das Wort des Herrn: „Wer nicht für mich ist, der ist wider mich: wer nicht mit mir sammelt, der zerstreut." Es kann aber keiner für Christus sein, der nicht für seinen Statthalter auf Erden ist, und keiner mit Christus sammeln, der nicht mit Petrus sammelt. Der Stuhl Petri war immer der Mittelpunkt der katholischen Einheit; aber mehr als je offenbart er sich als solcher in unsern Tagen, wo alle Mächte, die wider Christus und seine Kirche kämpfen, mit größter Gewalt wider diesen Felsen anstürmen. Dies also ist der Ruf Gottes in der Zeit, daß, wer immer mit ihm sein, und durch ihn gerettet werden will, an den Stuhl Petri sich anschließe, ja sich ankette. Denn wer nur mit lockeren Fäden an ihn gebunden sein will, der wird vom Sturme der Zeit fortgerissen werden: Daß dies Loos, wie es manche in jüngster Vergangenheit getroffen hat, so nicht auch jene, auf die wir eben hindeuteten, treffe!

Wir kehren zur Betrachtung dessen zurück, was in der Gegenwart über das viele Böse, welches sie in sich schließt, uns trösten, und zur Hoffnung einer besseren Zukunft ermuntern kann. In der Umwälzung der Staaten, die gegen Ende des vorigen Jahrhunderts begann, giengen in Europa nicht bloß die geistlichen Orden, sondern auch sehr viele Einrichtungen, durch welche das Leben der Kirche sich äußert und genährt wird, jenseits der Meere aber überdies die so ausgedehnten und so blühenden Missionen fast ganz zu Grunde. Eine so allgemeine Verheerung ihres über den ganzen Erdkreis verbreiteten Weinbergs hatte die Kirche noch nicht gesehen. Aber kaum waren Friede und Ordnung wieder hergestellt, und der Kirche nach Besiegung des Verfolgers ihr Oberhaupt zurückgegeben; so begann auch ihre nie ersterbende Lebenskraft zur Heilung der Wunden und Ersetzung der Schäden thätig zu sein: und diese Thätigkeit, anfangs verborgen und unscheinbar, nahm mit jedem Jahre zu, bis sie jetzt in ihren großen Wirkungen vor Augen liegt. Tausende von Priestern und zahlreiche Ordensfrauen haben seitdem, alles verlassend, die Meere durchschifft, um unter entlegenen Zonen den verwüsteten Weinberg wieder anzubauen; und nicht wenige ihren Eifer nicht bloß durch Ertragung großer Beschwerden, sondern auch durch Standhaftigkeit in Martern und Todespein bewährt. Ist es ihnen bis jetzt nicht gelungen, alles, was die Gottlosigkeit zerstört hatte, wieder herzustellen; so haben sie dafür die heilbringende Wirksamkeit, unter Volksstämmen, die sie noch nie erfahren hatten, ausgedehnt. In Europa aber sind nach und nach die alten Orden in verjüngter Frische wieder

erstanden, und selbst neue emporgeblüht. Für die Heran=
bildung einer würdigen Geistlichkeit sind viele Semina=
rien, die nie bestanden, gegründet, andere erweitert.
Die wieder in's Leben gerufenen Volksmissionen und
geistlichen Uebungen für alle Stände haben in Millionen
den Geist der Frömmigkeit geweckt oder vermehrt, und
mit diesem sind so manche kirchliche Gebräuche und heil=
same Einrichtungen, die untergegangen oder vernachläßigt
waren, wieder hergestellt und belebt worden. Dazu
kommen die frommen Genossenschaften und mannigfal=
tigen Vereine, durch deren immer wachsende Ausdehnung
und Thätigkeit erreicht wird, was man sich kaum zu
versprechen wagte; endlich die so große Anzahl von
Convertiten aus den höheren und gebildeten Ständen.
Gewiß, wer den Zustand Englands, Frankreichs, Deutsch=
lands, wie er vor vierzig Jahren beschaffen war, mit
dem gegenwärtigen vergleicht, der muß, wenn er anders
Glauben hat, bekennen: „Das ist der Finger Gottes!"

Es ist aber in allen diesen Erfolgen noch insbeson=
dere zu bemerken, daß die Geistlichkeit, um sie zu er=
zielen, fast überall nur auf die freie Unterstützung des
katholischen Volkes angewiesen war. Ehemals verdankten
die Missionen jenseits der Meere und die geistlichen
Orden in Europa ihre Gründung und Erhaltung meistens
dem Schutze und der Freigebigkeit der katholischen Für=
sten; auch für die übrigen Anstalten und Einrichtungen
durfte man auf ihren Beistand rechnen; die Kirche selbst
aber war im friedlichen Besitze einer Menge von Stif=
tungen, die denselben Zwecken dienten. Als aber vor
einem halben Jahrhunderte das Werk der Wiederher=
stellung begann, da gab es keine Fürsten mehr, welche

dasselbe mit Opfern von Bedeutung unterstützen wollten oder konnten; da war die Kirche ihrer Güter zum größten Theile beraubt, und höchst selten fanden sich Gläubige, die ihren Reichthum zu neuen Stiftungen verwenden mochten. Dennoch bestehen und wirken die Missionen in allen Welttheilen, werden neue Seminarien gegründet, Kirchen und Schulen in den nordischen Gegenden erbaut, zahlreiche Männer und Frauenklöster errichtet und unterhalten, die Verbreitung guter Bücher und manches andere Werk christlicher Frömmigkeit gefördert, und über alle dem fließen dem Vater der Christenheit reichliche Gaben zu. Das sind die Früchte des in Liebe thätigen Glaubens, den Gottes erbarmungsvolle Güte in den katholischen Völkern geweckt hat. Wenn er in unsern Tagen, wie oftmals in der Vergangenheit, Männer gesandt hätte, deren Predigt der Glanz außerordentlicher Heiligkeit, Wunder und Weissagungen unterstützten; sie würden kaum größere Wirkungen hervorgebracht haben. Nämlich der Arm des Herrn ist nicht geschwächt, und seine unerschöpfliche Weisheit gelangt auf verschiedenen Wegen zu denselben Zielen.

Bei alle dem bleibt vollkommen wahr, was wir im Eingange über die Größe und Ausdehnung der die Kirche bekämpfenden Mächte sagten. Denn die Anzahl derer, die dem Unglauben mehr oder weniger verfallen, jenen katholischen Bestrebungen entgegen arbeiten, ist in den meisten Ländern bei weitem die größere, und wo sie es nicht ist, wie in Spanien und Italien, droht sie es zu werden, und ist schon jetzt in der bürgerlichen Ordnung die gebietende. Aber was wir sagen wollen, ist:

während in diesem Reiche der Welt und des Widersachers Christi der Unglaube, die Lasterhaftigkeit, der Zorn wider alles, was heilig ist, einen schauerlichen Grad erreicht haben; regt sich auch in denen, welche dem wahren Gott und Heiland in treuem Glauben anhangen, ein Eifer, wie ihn die Kirche nur in ihren schönsten Zeiten sah. Und dies ist es, was unsere Hoffnung beleben soll. Denn da Gott in den letzten Jahrzehenten auf verschiedenen Wegen eine solche Anfeuerung hervorgebracht, und jetzt uns die außerordentliche Wohlthat eines allgemeinen Kirchenrathes bescheert; so dürfen wir jene Wirkung seiner Gnade als die Vorbereitung dessen, was durch diesen erreicht werden soll, betrachten.

Indessen, worin besteht dies, und was ist es eigentlich, das wir von dem Concilium hoffen dürfen? Etwa, daß jene, welche Gott und seinem Reiche entfremdet sind, zur Erkenntniß der Wahrheit gelangend, die Wege, auf denen sie wandeln, verlassen? daß die Fürsten und Regierungen, statt die Kirche in ihrem Wirken zu hemmen, mit ihr sich vereinigen werden, um dem Verderben der Zeit zu steuern? Bei Gott ist alles möglich. Aber die Geschichte belehrt uns, daß die Umwandlungen, welche seine Vorsehung in der sittlichen Ordnung der Dinge wirkt, nicht unversehens und plötzlich, sondern nach entsprechenden Vorbereitungen allmählig erfolgen. Weit entfernt aber, daß eine Umwandlung, wie wir sie andeuteten, in der Gegenwart vorbereitet wäre, streben ihr vielmehr alle jüngsten Ereignisse entgegen. In demselben Maße, als Gott in den Hirten der Kirche, und jenem Theile der Heerde, der ihrer Stimme folgt, des Glaubens heiliges Feuer entzündet hat, sind alle jene

Uebel der Zeit, der Unglaube und die ihn begleitende Zügellosigkeit, der Einfluß des Judenthums und die Wirksamkeit der nicht mehr geheimen Bünde, die gottlose Wissenschaft und die aufrührische Bewegung der arbeitenden Klasse gleich Strömen bei Regengüssen gewachsen. Die Völker aber, welche in ihrem öffentlichen Leben bisher Christus noch bekannten, und seiner Kirche ergeben waren, haben in Italien und Spanien eben jetzt ihren Abfall in der gewaltsamsten Weise vollendet, und die katholischen Regierungen Deutschlands eilen, wie vom Schwindel ergriffen, demselben Abgrunde zu.

Wird also Gott vielmehr die versammelten Väter Mittel und Wege finden lassen, der Kirche auch unter solchen Regierungen eine ungehinderte Wirksamkeit zu verschaffen, und dann diese Wirksamkeit durch seinen allmächtigen Segen zum Heile der Völker erfolgreich machen? oder ist diese Kirchenversammlung nur dazu bestimmt, die heiligen Wahrheiten und Gesetze des Christenthums nochmals feierlich zu verkünden, den Kindern der Welt zu ihrem Gerichte, den Gott getreuen Seelen zur Erleuchtung und Stärkung für eine Zeit der Trübsale und Bedrückung? Nur der könnte es wissen, dem Gott seine Rathschlüsse geoffenbart. Aber was wir wissen, und was unsere ernste Erwägung verdient, ist, daß, auch wenn das letztere einträte, die Hoffnungen des wahrhaft gläubigen und deshalb nicht natürlich, sondern geistig denkenden Christen in Erfüllung giengen. Wie das Reich Gottes, die Kirche, selbst nicht von dieser Welt ist, so sind auch seine Geschicke nicht nach dem Gesetze, das in dieser Welt gilt, zu beurtheilen. Wohl sind Besitzthum und freie Wirksamkeit auch für die Kirche

Güter von großer Bedeutung, aber doch nur insofern, als sie ihr dienen, durch Heiligung und Rettung der Seelen Gott den Erlöser zu verherrlichen. Zu diesem Ziele können sie aber auch, durch seine gnädige Fügung, Armuth und Bedrückung geleiten. Darum siegt sie nicht bloß, wenn sie die äußere Freiheit, die ihr gebührt, erringt, sondern auch wann sie, dieser widerrechtlich beraubt, die innere bewahrt; und nicht jene Zeiten sind für sie die glücklichsten und glorreichsten, worin sie keine Verfolgung leidet, sondern die, worin eine große Anzahl ihrer Kinder in allen Lagen des Lebens ihre Treue bewährt. Das also ist die Hoffnung, mit der wir dem großen Ereignisse, der Versammlung der Hirten der Kirche, entgegen sehen dürfen, daß die eifrigen Bekenner des wahren Glaubens an Zahl, an Gnade, Weisheit und christlichem Starkmuth zunehmen werden, welche immer die äußere Lage der Kirche sein möge.

In dieser Hoffnung soll uns endlich noch ein sehr bemerkenswerther und gewiß nicht zufälliger Umstand bestärken: die Beziehung nämlich, in welcher die Berufung des Kirchenrathes zur Verehrung der allerseligsten Jungfrau steht. Jedermann weiß, mit welcher Theilnahme die Frage über die unbefleckte Empfängniß, seitdem man Zweifel wider dieselbe erhoben hatte, in der ganzen Kirche behandelt wurde. Je länger die Untersuchungen dauerten, desto allgemeiner und zuversichtlicher ward die Ueberzeugung von der Wahrheit des frommen Glaubens, und seit mehr als drei Jahrhunderten lebte in vielen und ganz besonders in den erleuchtetsten Seelen ein starkes Verlangen, daß das erhebende und freudenreiche Geheimniß durch einen entscheidenden Ausspruch der Kirche die höchste Gewißheit erhalte. Es war aber in den letzten Zeiten mit diesem Wunsche die Erwartung verbunden, daß eine solche Entscheidung für das Wohl der Kirche von großer Bedeutung, ja daß sie der Anfang eines glorreichen Sieges in dem Kampfe sein würde, der eben jetzt seinen Höhepunkt erreicht hat. Nun wohlan! eben als im Jahre 1849 die scheußliche Herrschaft der Mazzinianer die heilige Stadt mit Gräueln aller Art erfüllte, und ganz Europa noch in Aufruhr und Verwirrung war; erließ Pius IX. von der Festung Gaeta aus die Bulle, worin er die Bischöfe des Erdkreises über ihren und der Völker Glauben in Betreff des Geheimnisses der makellosen Jungfrau befragte. War es doch, als hätte mitten unter den noch tobenden Stürmen der Name, welcher sie beschwören würde, erschallen sollen. Als dann am 8. December 1854 die feierliche Entscheidung erfolgte, sahen wir das erste Mal Bischöfe aus allen Weltgegenden in großer Anzahl am Grabe Petri um seinen Nachfolger versammelt, und alsbald wurde der Gedanke an ein allgemeines Concil mit Lebhaftigkeit ausgesprochen. Zehn Jahre nachher erließ der h. Vater an demselben Festtage das Rundschreiben, worin er dem größten Feinde der Kirche in unserer Zeit, dem Staate ohne Gott und Christus den Erlöser, das Urtheil sprach, und ließ mit ihm das Verzeichniß der Irrthümer, welche die wahren Ursachen aller Uebel der Gegenwart sind, den Syllabus, versenden. Endlich erklärte der Pabst, als die Jubelfeier des Martertodes der Apostelfürsten von neuem die Bischöfe in großer Anzahl herbeigerufen hatte, seinen Entschluß, die allgemeine Kirchenversammlung zu berufen, und ob=

schon er das Jahr noch unbestimmt ließ, setzte er doch als den Tag, an dem es eröffnet werden sollte, den achten December fest. Würden diese Thatsachen, auch wenn der h. Vater es nicht bei diesen verschiedenen Gelegenheiten immer von neuem ausgesprochen hätte, nicht laut verkünden, daß die Kirche, wie immer in bedrängnißvoller Lage, so auch jetzt auf die Fürsprache und den Schutz der jungfräulichen Mutter ihr Vertrauen setzt?

Wahrlich, es darf uns nicht befremden, wenn Gott, der das Schwache erwählt, um das Starke zu Schanden zu machen, dem Weibe, das Gnade vor ihm gefunden, verleiht, die Gewalten, die sich wider ihn und sein Werk erheben, zu Grunde zu richten. Denn was sind sie, diese Gewalten der Erde und der Hölle, vor seiner Majestät? Es darf uns nicht befremden, wenn es Jener, die durch Reinheit und Demuth ihm vor allen Geschöpfen gefiel, gegeben wird, die, welche zur Verbreitung der Wollust und Hoffart sich der Hölle verbündet haben, zu nichte zu machen. Es darf uns endlich nicht befremden, wenn die Kirche heute vertrauensvoll zu derjenigen emporblickt, welche sie seit Jahrhunderten als den Thurm Davids, an dem die Schilde der Starken hangen, und als die Hülfe der Christen in jeder Noth begrüßt.

Schon auf dem Kirchenrath zu Ephesus sprach der h. Patriarch Cyrillus in feierlicher Rede diesen Glauben der Kirche aus, und nie hat diese seitdem aufgehört, die Jungfrau der Jungfrauen auch darum zu preisen, weil es ihr gegeben, alle ketzerischen Irrthümer zu vertilgen. Aber auch die feindlichen Heeresmächte wurden durch die Judith des neuen Bundes besiegt. Unter ihrem Banner befreiten die heiligen Könige Spaniens ihre Völker von dem Joche der Mauren und das ganze Abendland von drohenden Gefahren. Unter ihrem offenbaren Schutz ward die ein ganzes Heer tragende Flotte der Türken bei Lepanto vernichtet, und erlitten die fast zahllosen Schaaren des siegreich vordringenden Sultans unter den Mauern der deutschen Kaiserstadt jene Niederlage, von der sie sich nicht wieder erholten. Es war bei diesen Gelegenheiten, wo die Kirche begann, beim öffentlichen Gottesdienste Maria als die Hülfe der Christen anzureden, und Tempel unter dem Titel unserer lieben Frau vom Siege zu errichten. Als aber Pius VII., aus der fünfjährigen Gefangenschaft zurückkehrend, am 24. May 1814 unter dem Jubel der Christenheit seinen Einzug in Rom hielt, wollte er, daß von da an dieser Tag Mariä, der Hülfe der Christen, als ein alljähriges Dankfest geweiht werde. So mögen denn andere sich mit anderem brüsten, wir wollen uns Derjenigen rühmen, an der Gott Großes gethan, die er aus unserm armen Geschlechte erwählt hat, um sie über alles Geschaffene zu erheben. Zagen wir nicht; der Tag wird kommen, an dem die Christenheit von neuem ihrer himmlischen Beschützerin die Worte zuruft, welche die befreiten Einwohner Bethuliens an die heldenmüthige Judith richteten: „Es hat dich der Herr gesegnet in seiner Kraft, indem er durch dich unsere Feinde zu nichte machte." (Jud. 13, 22.)